Doris Schulte

„So lebt sich's gut!"

Doris Schulte

„So lebt sich's gut!"

Alltag mit Happy End

BRUNNEN
VERLAG GIESSEN · BASEL

Alle Bibelzitate:
Hoffnung für alle. Die Bibel in heutigem Deutsch,
Brunnen Verlag Basel und Gießen,

Mit Ausnahme der mit „GN“ gekennzeichneter Stellen:
Die Gute Nachricht Bibel, revidierte Fassung,
durchgesehene Ausgabe in neuer Rechtschreibung,

www.brunnen-verlag.de
Umschlagmotiv: Premium, Düsseldorf
Umschlaggestaltung: Ralf Simon
Satz: DTP Brunnen
Herstellung: Ebner und Spiegel, Ulm
ISBN 3-7655-3832-9

Inhalt

Vorwort

Wovon ich nicht zu träumen wagte

Wenn mir jemand vor einigen Jahren gesagt hätte, dass ich eines Tages so richtig gerne „fromm" und so richtig begeistert von Gott und der Bibel sein würde, hätte ich das nicht geglaubt.

Ich hätte es mir auch kaum vorstellen können. Und wenn mir jemand auch noch gesagt hätte, dass ich eines Tages öffentlich in Vorträgen von Gott erzählen würde und das sogar in einem anderen, mir damals unbekannten Land, hätte ich – und garantiert auch die meisten Menschen, die mich kannten – es niemals für möglich gehalten. Aber so ist es heute. Ich bin wirklich begeistert von Gott und erzähle tatsächlich von ihm in einem Land, in dem ich nicht aufgewachsen bin. Und ob Sie es glauben oder nicht: Ich bin richtig glücklich und zufrieden dabei! Ich erlebe einen ganz spannenden Alltag mit Sinn und Ziel.

Ich bin 1956 in Vancouver (Kanada) geboren und dort aufgewachsen. Meine Eltern, die als Vertriebene aus Ostpreußen nach dem 2. Weltkrieg nach Kanada ausgewandert waren (wie auch meine christliche Gemeinde), hatten mir alle Grundwerte des christlichen Glaubens aus der Bibel nahe gebracht. Kinderstunden, Jungschar und Jugendstunden gehörten einfach zum Leben wie schlafen und essen … und prägten folglich mein Denken und Leben. Eine Bibelgeschichte, die ich als Fünfjährige von „Tante Liselotte" in der Kinderstunde gehört hatte, bleibt für mich bis heute unvergessen. Die Geschichte von Maria, der Mutter Jesu: Gott hatte Maria für eine sehr schöne, wenn auch nicht ganz einfache Aufgabe auserwählt. Eine Aufgabe, die sehr viel Vertrauen zu Gott verlangte. Maria reagierte auf ihre Berufung mit dem mutigen und erstaunlichen Satz: *„Ich will mich Gott ganz zur Verfügung stellen."* (Lukas 1,38) Nach dieser Kinderstunde bin ich nach Hause gegangen und dachte ganz heimlich für mich: „Ich auch! Wenn ich groß bin, will ich auch eine Aufgabe von Gott bekommen und ihm zur Verfügung stehen."

Einige Jahre später, als ich elf Jahre alt war, wurde mir durch einen christlichen Vortrag endgültig klar: Es gibt Gott wirklich, und nur wer sich auf eine persönliche Beziehung mit ihm einlässt, wird nicht sterben, sondern ewiges Leben im Himmel haben. Gar nicht zu reden von dem neuen Leben und der neuen Lebensqualität, die wir schon jetzt erleben können.

Das hatte ich verstanden und das wollte ich auch. Also fing ich selbst an, in der Bibel zu lesen und ging weiterhin zur Gemeinde in Vancouver, wo ich auch mit 16 Jahren meinen Mann, Wilfried, einen Studenten aus dem Westerwald, kennen lernte und mit 18 Jahren heiratete.

Alles lief gut. Er studierte Theologie. Er las die Bibel. Er betete. Er wollte sogar vollzeitlich in den christlichen Dienst gehen – was er auch tat. Er war ein engagierter und überzeugter Christ. Ich fand das toll. So toll, dass ich irgendwann dachte, es reiche doch, wenn *einer* von uns seinen Glauben auslebt. Wir müssten uns doch nicht beide Gott zur Verfügung stellen.

Ich redete mir ein, Gott sei doch bestimmt ganz zufrieden, wenn einer von uns die Beziehung zu ihm aufrechterhält. Das sollte doch nun wirklich für uns beide reichen. Damit könnten wir doch – gemeinsam – vor Gott bestehen und auch gesegnet sein und bleiben. Für immer, versteht sich. So dachte ich!

Und so lebte ich. Ohne Gott. Ich versuchte von der Gottesbeziehung meines Mannes zu leben. Von seinen Erfahrungen mit Gott. Aber es reichte vorne und hinten nicht. Obwohl ich, menschlich gesehen, eigentlich alles hatte, was sich eine junge Frau wünschen konnte – einen lieben Partner, ein gesundes Kind, ein Haus am Meer, eine fröhliche, lebendige Gemeinde, einen tollen Freundeskreis –, kamen mir mein Leben, mein Alltag und meine Alltagsbeschäftigungen zunehmend sinnloser vor. Ich war noch nie in meinem Leben so leer, so traurig und so unsicher wie zu dieser Zeit. Ich verlor jeglichen Antrieb für meine Beschäftigungen und auch das Interesse an anderen Menschen.

Irgendwann saß ich auf der Kinderschaukel in unserem Garten und schaute in den Himmel. Ich dachte, ganz viel Glück, ein gutes Familienleben, Gesundheit, viele schöne Dinge und das alles – *das* kann doch wirklich nicht der Sinn des Lebens sein. Sonst müsste ich mich doch anders fühlen. Auch wenn alles in meinem Leben weiterhin so gut und glatt läuft, auch bis ins hohe Alter – *das* kann doch nicht der wahre Sinn des Lebens sein. Es muss doch irgendetwas anderes, etwas mehr, etwas Sinnvolleres im Leben geben.

Ich schaukelte weiter. Je länger ich schaukelte, desto mehr Fragen kamen auf:

Was soll das alles auf dieser Erde eigentlich mit uns Menschen? Warum gibt es mich? Wozu lebe ich?

Ich war inzwischen schon so lange und so weit weg von Gott, dass ich gar nicht mehr darauf kam, dass meine Leere und

Sinnlosigkeit durch die Entfernung von Gott zustande gekommen war. Ich kam auch nicht auf dem Gedanken, dass Gott meine Leere füllen oder dass er für mein Leben gute Pläne haben könnte. Aber Gott wusste es. Und weil er mich lieb hatte, hatte er auch Mitleid mit mir und ist mir liebevoll nachgegangen.

In derselben Woche bekam ich von einer Bekannten aus der Nachbarschaft eine Einladung zu einem Frauen-Bibel-Gesprächskreis, der über zehn Wochen einmal wöchentlich stattfinden sollte. Ehrlich gesagt hat mich diese Einladung, jeden Dienstagmorgen über die Bibel zu diskutieren, erst einmal überhaupt nicht angesprochen. Im Gegenteil, ich konnte mir überhaupt nicht vorstellen, dass mir so etwas weiterhelfen könnte, und ich lehnte dankend ab. Kaum zu glauben – wo ich innerlich doch so leer war.

Kurz darauf sprach mich meine neue Freundin Marlis an, die auch diese Einladung erhalten hatte und ziemlich neugierig war, mehr über den christlichen Glauben zu erfahren. Sie schlug vor, dass wir gemeinsam diesen Gesprächskreis besuchten. Na ja, was blieb mir übrig ... als „so genannter Christ". Also bin ich dann doch gegangen. Und das hat die Veränderung meines Lebens in Bewegung gesetzt!

Für mich war es der Wendepunkt meines sinnlosen, zwecklosen und unzufriedenen Lebens. Gott und alles, was in der Bibel steht, faszinierten mich plötzlich wie nie zuvor. Und die Leiterin, eine moderne Frau, fit und mit Ausstrahlung, beeindruckte mich außerordentlich. Sie war eine Frau wie viele andere Frauen auch. Aber sie hatte etwas Besonderes in ihrem Leben: eine lebendige Beziehung zu Gott.

Wenn sie von Gott und Jesus erzählte, wurde die Bibel so richtig lebendig. Jede im Kreis war beeindruckt. Auch ich.

Ganz still und heimlich habe ich für mich gedacht: Wenn Marlene – so hieß die Leiterin – *so eine* persönliche und lebendige Beziehung zu Gott haben und dadurch so erfüllt sein kann, warum nicht auch ich?

Ich bin stillschweigend mit meinem kleinen Arbeitsheftchen – einem Begleitheftchen zum Kurs – und einer geschenkten Bibel in moderner Übersetzung nach Hause gegangen und habe angefangen, mich anhand der Fragen für den nächsten Dienstag vorzubereiten.

So nahm ich „zwangsweise" zum ersten Mal nach langer Zeit die Bibel wieder selbst in die Hand und machte dabei erstaunliche Entdeckungen. Eine nach der anderen.

Ich stellte fest, dass Gott mir selbst all das anbieten kann und will, wonach mein Herz und meine Seele sich die ganze Zeit so sehr gesehnt hatten.

Ich war gefesselt. Ich konnte nicht aufhören zu lesen. Es war, als würde Gott nebenan sitzen und selbst zu mir reden. Die schwarzen Buchstaben auf den weißen Seiten in der Bibel wurden richtig lebendig – als wären sie nur für mich geschrieben. Ganz persönlich. Ganz treffend. So wohltuend.

Ich konnte gar nicht genug lesen und wahrnehmen. Es war, als wollte Gott diese Chance voll ausnutzen, um sich selbst ganz persönlich vorzustellen. Es war, als suchte er leidenschaftlich mich und meine Person, um mich wieder glücklich zu sehen.

Ich las jeden angegebenen Bibelvers und verstand ihn gleich als Gottes Zusage oder Anweisung an mich persönlich. Ich musste gar nicht zweimal nachdenken, ob ich mich nun auf das einlasse, was in der Bibel steht oder nicht. Ich wollte ja endlich glücklich werden! Ich suchte den wahren Sinn für mein Leben. Ich wollte das haben, was Gott mir anzubieten hatte – egal, was es mich kosten würde.

Ich saß einfach an meinem Esszimmertisch und fing an zu beten, wie mir der Schnabel gewachsen war: „Lieber Gott, wenn es dich wirklich gibt und ich mich jetzt auf dich einlasse und versuche, das Leben so anzupacken, wie du es dir für mich vorstellst, dann will ich auch erfahren, dass du zu dem stehst, was du von dir behauptest, tun zu können."

Ganz schön dreist, dachte ich einerseits, und andererseits hatte das Bibellesen bei mir so große Hoffnung, Vertrauen und Mut geweckt, dass ich mich bei Gott einfach wohl und unheimlich gut aufgehoben fühlte. Danach ließ ich mich einfach auf seine Worte ein. Wenn es mit einer Bedingung verknüpft war, war ich entschlossen, meinen Teil zu tun. Gleichzeitig spürte ich eine große Erwartung in mir, zu sehen, ob Gott nun wirklich real ist und das tut, was er verspricht. Und er tat es.

Ich habe Tag für Tag erlebt, dass Gott seinen Mund unheimlich voll nimmt – aber auch, dass er jedes einzelne Wort hält … ganz anders als die meisten Menschen.

Mein Vertrauen wuchs fortwährend, und dementsprechend wurde ich mutiger und risikofreudiger. Ich war unaussprechlich glücklich. Ich wusste, ich hatte das gefunden, was ich eigentlich suchte. Ich war so begeistert, dass ich nicht abwarten konnte, bis unser kleiner Sohn Steffen seinen Mittagsschlaf machte, damit ich in aller Ruhe in der Bibel lesen konnte, um Gott besser kennen zu lernen.

Ich hatte bis dahin nie daran gezweifelt, dass es Gott irgendwie und irgendwo gibt. Aber in dieser Woche hatte ich mich endgültig und mit großer Entschlossenheit und Erwartung entschieden, mein Leben ganz anders anzupacken – und zwar mit Gott, ganz nach dem, was sein Sohn Jesus Christus uns vorgelebt und gelehrt hatte, als er auf dieser Erde war.

Nun betrachtete ich Gott nicht nur als meinen Schöpfer,

sondern als denjenigen, der auch gute Gedanken für mein Leben hat, die mir und den Menschen um mich herum so richtig gut tun. So lernte ich Gott und seine Pläne für mein Leben täglich mit Begeisterung und Neugierde immer besser kennen und lieben. Mein Vertrauen und meine Offenheit Gott gegenüber öffneten Tür und Tor zu ganz vielen wunderschönen Erfahrungen und Gebetserhörungen.

Wie gut, dass Gott mich aufgesucht hat, mir nachgegangen ist und mich nicht aufgegeben hat, obwohl ich ihn beiseite geschoben und seine Liebe und Realität so lange unterschätzt hatte.

Gott hat schon immer gewusst, dass es mir – genauso wie vielen anderen Menschen – ganz schön schwer fällt, an einen unsichtbaren Gott zu glauben, und deswegen ist er Mensch geworden in seinem Sohn Jesus Christus und auf diese Erde gekommen. Gott wollte uns dadurch auch äußerlich näher kommen und zeigen, wer und wie er wirklich ist. Deswegen hat Jesus gesagt, als er auf dieser Erde lebte: *„Kennt ihr mich, dann kennt ihr auch meinen Vater.“* (Johannes 14,7)

Und so wie Jesus das Leben und jede Lebenssituation angepackt hat, so können wir auch unser Leben anpacken und meistern. Gott zwingt sich keinem von uns auf. So ist Gott nicht. Er hat uns als freie Wesen, als Menschen mit Entscheidungsfreiheit geschaffen. Gott hat uns unheimlich lieb, aber er wird uns seine Liebe nie aufzwingen. Er wartet ganz geduldig, bis wir uns freiwillig auf ihn und seine Liebe einlassen. Aber gerade weil Gott uns liebt und das Leben mit uns als Team angehen und meistern will, wird er uns – egal, wo wir uns auf dieser Erde befinden – immer wieder aufsuchen, uns nachgehen und uns begegnen.

Die Erfahrungen, die ich gemacht hatte, haben mein Vertrauen in Gott immer stärker werden lassen; sie waren die Voraussetzungen dafür, ganz offen zu sein für alle weiteren Führungen und Herausforderungen Gottes, die uns dann 1985 als Familie nach Deutschland brachten.

Warum und wie das Leben sich mit Gott trotz Veränderungen, Hindernissen, Unerwartetem, trotz schwerer Aufgaben und Probleme so richtig gut leben lässt, bestätigen die Erlebnisse dieses Buches. Es sind im wahrsten Sinne des Wortes Alltagsgeschichten. Mitten aus meinem Alltag – der immer wieder ein Happy End von Gott bekommen hat und auch heute immer noch bekommt.

Doris Schulte
im Spätsommer 2004

1 Suchen. Und finden.

Als wir noch in Kanada lebten, hatten wir mindestens einmal im Jahr für einige Wochen Besuch aus Deutschland. Meistens waren es Referenten, für die mein Mann und ich Vortragsreihen organisiert und durchgeführt hatten. Das waren meistens Veranstaltungen für deutsche Einwanderer, die nach dem 1. und 2. Weltkrieg übergesiedelt waren. Das gehörte zu unseren Aufgaben innerhalb des Missionswerkes *Neues Leben* in Kanada, für das wir arbeiteten.

Im Frühjahr 1983, kurz nach der Geburt unseres zweiten Sohnes, René, kam Jörn für einige Wochen zu Besuch. Jörn ist ein sehr unkomplizierter Christ, der nicht unbedingt viel redet, aber wenn … nun, dann geht es unter die Haut und kann einem eine schlaflose Nacht bescheren.

Ganz gemütlich beim Abendessen (es gab Lammbraten, weil mir jemand aus Deutschland mitgeteilt hatte, das wäre sein Lieblingsessen) unterhielten wir uns über Gott und die Welt. Alles ganz nett. Nichts Bedrohliches. Aber dann, wie aus heiterem Himmel, schaute Jörn ganz bewusst und gezielt mich an, als hätte er schon lange auf diese Gelegenheit gewartet, und fragte ziemlich direkt: „Wenn Gott deinen Mann irgendwo anders auf der Welt haben wollte – wärst du bereit, mitzugehen?"

Ich war geschockt. Mit solch einer Frage hatte ich nie gerechnet. Mein erster Gedanke war: Warum fragt er das ausgerechnet mich? Warum fragt er nicht zuerst Wilfried, ob er überhaupt woanders sein möchte oder sollte? Was für ein Bild hatte er von mir?

Ich versuchte ganz cool zu bleiben und sagte (wie ich meinte auch ganz überzeugend): „Natürlich – keine Frage!"

Mehr hatte Jörn nicht gefragt. Auch nichts mehr dazu gesagt. Ich war erleichtert, und das Thema schien für mich abgehakt, bis es Nacht war und ich merkte, dass ich einfach nicht schlafen konnte. Das war ganz untypisch für mich. Ich kann immer und überall schlafen, egal wo. Ständig beschäftigte mich die Frage: Hat Gott etwas anderes mit Wilfried vor? Mit uns? Wann und wie habe ich Wilfried vielleicht von irgendetwas abgehalten?

Es war mir wirklich nicht bewusst. Zumindest hatte ich Gottes Pläne für uns nicht bewusst abgeblockt. Ich war doch jetzt begeistert von Gott und wirklich offen für Neues.

Ich grübelte und durchstreifte gedanklich die letzten Monate und Jahre. Da war doch was! Und zwar hatte Wilfried irgendwann einmal den Wunsch geäußert, dass er gerne noch einmal in seinem Heimatland Deutschland für ein halbes Jahr leben und arbeiten wollte, ehe unsere Kinder in Kanada eingeschult würden.

Ich fand diesen Gedanken damals ziemlich absurd, befremdend, unrealistisch und nach meinem Ermessen nicht durchführbar. Dementsprechend war auch meine Reaktion. Und diese Reaktion stand mir jetzt plötzlich so klar vor Augen, als schaute ich gerade einen Film. Ich hatte ihn damals gefragt: „Wie stellst du dir das vor? Eine vierköpfige Familie mit Sack und Pack für ein halbes Jahr ins Ausland – einfach so! Das ist doch unmöglich! Undenkbar! Wo sollen wir in Deutschland wohnen? Wer wird für ein halbes Jahr unser Haus bewohnen? Oder noch besser: mieten?"

Es waren alles ehrliche und eigentlich auch vernünftige,

logische Bedenken, die meinen Mann auch gleich überzeugten, und er stimmte widerstandslos zu mit den Worten: „Ja, du hast Recht, es ist wirklich eine unrealistische Idee. War ja auch nur eine Idee."

Nach einigen Monaten äußerte Wilfried aber noch einmal denselben Wunsch. Ich reagierte wieder mit den gleichen „logischen, vernünftigen" Bedenken.

War es das, was Jörn – beziehungsweise Gott – meinte?

Hatte ich damals unbewusst neue Wege abgeblockt? Jetzt war ich gespannt. Aber so richtig gespannt. Jetzt wollte ich unbedingt wissen, ob Gott uns tatsächlich woanders, sprich in Deutschland, haben wollte. Wenn das der Fall sein sollte, wenn Gott uns wirklich in Deutschland haben wollte, dann wollte ich auch dort sein. So viel Vertrauen hatte ich inzwischen zu Gott und in seine Wege mit uns. Das war mir jetzt klar: Ich wollte da sein, wo Gott mich haben wollte, ganz schlicht und einfach, weil ich ahnte, dass ich an diesem Platz am glücklichsten sein würde.

Es war mitten in der Nacht, Wilfried schlief tief, aber meine Neugier hatte die Rücksicht besiegt und ich weckte ihn. Ich erzählte ihm alles, was mich bewegte und was Jörns Frage bei mir ausgelöst hatte. Nun waren wir beide gespannt und auch offen für alles. Und da es bei uns im Westen Kanadas Nacht war, war es ja in Deutschland Tag, und das bedeutete: die optimale Zeit zum Telefonieren. Also riefen wir sofort vom Bett aus Wilfrieds Eltern an und baten sie, uns für ein halbes Jahr eine Wohnung zu suchen.

Das sollte so eine Art Probezeit für uns sein. Wir wollten Gott damit zeigen, dass wir für seine Wege offen waren und sie auch tatsächlich suchten. Was daraus würde, wussten wir nicht. Wir hatten nur einen ersten Schritt gewagt und unser

Glück bei Gott gesucht. Schließlich glaubte ich zunehmend das, was Gott über sich selbst behauptet und uns Menschen verspricht:

Jeremia 29,11-13: *„Denn ich allein weiß, was ich mit euch vorhabe: Ich, der Herr, werde euch Frieden schenken und euch aus dem Leid befreien. Ich gebe euch wieder Zukunft und Hoffnung. Wenn ihr dann zu mir ruft, wenn ihr kommt und zu mir betet, will ich euch erhören. Wenn ihr mich sucht, werdet ihr mich finden. Ja, wenn ihr mich von ganzem Herzen sucht, will ich mich von euch finden lassen. Das verspreche ich euch."*

Matthäus 7,7-8: *„Bittet Gott, und er wird euch geben! Sucht, und ihr werdet finden! Klopft an, dann wird euch die Tür geöffnet! Denn wer bittet, der wird bekommen. Wer sucht, der findet. Und wer anklopft, dem wird geöffnet."*

Suchen. Und finden. So lebt sich's gut!

2 Der Mensch denkt und Gott lenkt

Wer als Familie für ein halbes Jahr ins Ausland will, muss sich um vieles Gedanken machen und vieles regeln. Dafür hat Gott uns Menschen ja auch einen Verstand gegeben. Also fingen wir ziemlich bald mit allen Vorbereitungen an. Und weil wir bislang in einem eigenen Haus lebten, mussten wir für dieses halbe Jahr auch Mieter finden, und zwar aus zwei Gründen:

Erstens kommt die kanadische Versicherung nicht für Schäden auf, wenn ein Haus länger als vier Wochen unbewohnt bleibt.

Und zweitens konnten wir es uns finanziell einfach nicht vorstellen, eine Hypothek in Kanada und gleichzeitig eine Wohnungsmiete in Deutschland zu finanzieren. Das war theoretisch und praktisch nicht zu schaffen.

Also suchten wir ab sofort irgendjemanden, der unser Haus für nur ein halbes Jahr mieten wollte. Und zu unserer Überraschung fanden wir auch prompt eine Familie. So schnell, dass wir nur noch über Gott staunten und darüber, wie schnell er unsere Gebete erhört hatte und handelte. Wir waren nicht nur glücklich, dass unsere Vorbereitungen und unsere Suche nach seinem Willen so glatt liefen, sondern waren jetzt auch total beruhigt. Nun stand dem Ganzen nichts mehr im Weg.

Die Bahn war geebnet … so dachten wir, bis diese nette Familie plötzlich zwei Wochen vor unserem Abflugtermin absagte. Sie hatte doch noch ein Haus gefunden, das sie länger als ein halbes Jahr mieten konnte. Wir waren völlig verwirrt. Und, ehrlich gesagt, von Gott enttäuscht.

Fragen kamen auf. Hatten wir Gott falsch verstanden? Hatte er uns im Stich gelassen? Warum hatte Gott das zugelassen? Wir verstanden plötzlich Gott und die Welt nicht mehr. Was tun? Der Flug war gebucht. In zwei Wochen sollte es losgehen.

Wir hatten ein Problem, ein großes Problem. Aber Gott ist doch größer als jedes Problem, hatte ich gelernt. Bei Gott ist doch alles möglich, hatte ich gelesen. Auch das, was uns Menschen unmöglich ist, sollte für Gott möglich sein. Das glaubte ich – und wollte es auch weiterhin glauben. Auch diesmal.

Also redeten wir mit Gott über unser Problem und baten ihn, uns weiter zu helfen. Wir baten ihn, uns zu zeigen, was wir jetzt selbst noch tun könnten.

Kurz darauf hatte mein Mann die Idee, wir könnten doch alle Pfarrer und Pastoren in unserem Umfeld anrufen und sie bitten, unser Anliegen am nächsten Sonntag bekannt zu geben, dass wir Mieter für ein halbes Jahr suchten. Vielleicht würden wir so noch rechtzeitig Mieter finden. Gedacht, gesagt und getan. Wilfried rief den ersten Pastor an, erzählte ihm unser Anliegen und der Pastor sagte: „Ich suche selbst für mich und meine Familie eine Unterkunft."

Na so was! Kaum zu glauben! Fast zu schön, um wahr zu sein! Der erste Anruf, der erste Versuch und schon eine positive Antwort. Einfach spitze – Gott meint es doch gut mit uns, oder?

Wir atmeten auf und dachten: „Das ist es also, was Gott vorhat." Nun waren wir wieder richtig froh und gelassen. Es war wie ein Wunder. Und so luden wir diese Familie zum Kaffee ein, um uns gegenseitig kennen zu lernen.

Im Gespräch erzählte der junge Pastor, dass er erst vor einigen Jahren Christ geworden sei und sein Schuhgeschäft verkauft habe, um genug Geld für das Theologie-Studium und gleichzeitig für seine Familie zu haben. Und er erzählte weiter, dass er gerade seine erste Stelle in einer kleinen Gemeinde angetreten habe und eigentlich kein Geld hätte, um die Miete zu bezahlen. Oh nein – er ging davon aus, dass er kostenlos in unserem Haus wohnen durfte! Wir waren wieder verwirrt. Diesmal absolut verwirrt, fast verzweifelt.

Alles schien nur noch schlimmer zu werden. Wie sollten wir Gott verstehen? Wie sollten wir erkennen, was er nun wirklich wollte? Wir selbst wollten doch nur Gutes, wollten seinen Willen für unser Leben suchen ... und nun tauchten so viele Probleme auf. Was sollte das alles?

Trotz unserer Ratlosigkeit – oder soll ich sagen, gerade wegen unserer Hilflosigkeit – blieben wir mit Gott im Gespräch. Zum Glück, denn irgendwann kam mir ein Gedanke: Wenn diese Familie sich am Anfang unserer Suche nach einem Mieter gemeldet hätte, hätten wir ihnen sicher keine Chance gegeben. Auf keinen Fall. Wir suchten ja selbstverständlich jemanden, der zahlen konnte. Wir brauchten das Geld.

Weil Gott alles weiß, wusste er auch, dass wir dieser Familie keine Chance gegeben und folglich monatelang keine Mieter gehabt hätten und noch frustrierter gewesen wären. Deswegen hatte Gott uns wohl so lange im Glauben gelassen, dass wir Mieter hätten – nur damit wir nicht verzweifelten. So gut ist Gott. Er denkt nicht nur mit, sondern er denkt wirklich an alles. Er sieht alles – auch vom Ende her. Er liebt uns und wollte nicht, dass wir wochen-, ja monatelang verzweifelt nach Mietern suchten. Also hat er uns sozusagen einen „Schnuller“ gegeben. Ein praktisches Beruhigungsmittel.

Also haben wir im Vertrauen auf Gott diesen jungen Pastor und seine Familie in unser Haus ziehen lassen – mit der einzigen Bitte, die Rechnungen für Telefon, Strom und Heizung zu bezahlen. Dann haben wir uns wie geplant in das Flugzeug Richtung Deutschland gesetzt.

Dort hatte ein hilfsbereiter Verwandter für uns schon eine große Wohnung gefunden, die wir mieten konnten. Wobei „konnten" gut klingt – sie sollte nämlich 1000,- DM pro Monat kosten ... einfach zu viel für unseren Geldbeutel. Eine Hypothek in Kanada und noch 1000,- DM für eine Wohnung in Deutschland ... das war einfach nicht drin.

Also baten wir unseren Verwandten, noch einmal das Gespräch mit den Besitzern zu suchen – vielleicht nur mit der Frau, da Frauen manchmal kulanter sind, dachte ich. So war es auch. Er kam zurück und sagte, wir bräuchten nur 500,- DM Monatsmiete zu zahlen.

Also zogen wir ein. Wir lebten bereits einige Zeit in dieser Wohnung, als uns auffiel, dass man uns noch nicht gesagt hatte, wem genau und auf welches Konto wir die 500,- DM monatlich überweisen sollten. Also schickten wir unseren Verwandten noch einmal zu den Vermietern.

Was jetzt passierte, überstieg unser Vorstellungsvermögen bei weitem: Er kam noch am selben Abend zu uns und sagte freudestrahlend, dass wir keinen Pfennig Miete bezahlen müssten ... da die Vermieter festgestellt hatten, dass diese Wohnung als Büroräumlichkeiten geführt worden seien, und aus diesem Grund gar nicht „zum Wohnen" vermietet werden dürften. Deshalb könnten sie auch kein Geld verlangen. Kaum zu glauben. Es war wirklich kaum zu fassen. Wer hätte das gedacht? Wer hätte so etwas von langer Hand planen und hinkriegen können? Kein Mensch. Nur Gott!

Was Gott getan hatte, war, dass letztendlich zwei Familien

mit einer kostenlosen Wohnung gleichzeitig versorgt waren. Die Familie in unserem Haus in Kanada wohnte kostenlos und wir gleichzeitig kostenlos in Deutschland. Wir zahlten lediglich unsere Hypothek für das Haus in Kanada weiter.

So etwas hätten wir uns nie ausdenken können. Gott kann wirklich das Unmögliche mit den unmöglichsten Menschen in den unmöglichsten Situationen tun. Er steht wirklich zu seinem Wort. Und er hat unser Vertrauen belohnt.

Nur wenn wir wirklich glauben, dass Gott alles kann, und nur wenn wir wirklich glauben, dass Gott eine Lösung für alles hat, werden wir die Lösung bei ihm suchen.

Hiob 42,2: *„Herr, ich erkenne, dass du alles zu tun vermagst; nichts und niemand kann deinen Plan vereiteln."*

Matthäus 19,26: *„Für Menschen ist es unmöglich, aber bei Gott ist alles möglich!"*

Jesaja 55,8-11: *„Meine Gedanken sind nicht eure Gedanken, und meine Wege sind nicht eure Wege. Denn wie der Himmel die Erde überragt, so sind auch meine Wege viel höher als eure Wege und meine Gedanken als eure Gedanken. Denkt an den Regen und den Schnee! Sie fallen vom Himmel und bleiben nicht ohne Wirkung: Sie tränken die Erde und machen sie fruchtbar; alles sprießt und wächst. So bekommt der Bauer wieder Samen für die nächste Aussaat, und er hat genügend Brot. Genauso ist mein Wort: Es bleibt nicht ohne Wirkung, sondern erreicht, was ich will, und es führt das aus, was ich ihm aufgetragen habe."*

Der Mensch denkt und Gott lenkt. So lebt sich's gut!

3 Zu meinem Glück gezwungen

Unsere „Probezeit" 1984 in Deutschland lief richtig gut an. Unsere „Suchaktion" nach Gottes Willen auch.

Wilfried hatte viele Einladungen und Termine, und genau darum hatten wir Gott gebeten – als Zeichen, wenn er uns in Zukunft in Deutschland einsetzen will.

Diese Bestätigung von Gott war uns gleich nach den ersten Wochen mehr als glasklar. Wir wussten ganz genau, unsere Zukunft geht in Deutschland weiter. Das bestimmte zunächst unser Denken und Planen.

Aber nach einigen Monaten änderte sich etwas. Mir wurde alles einfach zu viel, zu anstrengend und zu kompliziert.

Wilfried war die meiste Zeit irgendwo unterwegs, und unser zweiter Sohn René, damals ein Jahr alt, wurde mindestens viermal nachts wach – weil er süchtig war nach seinem „Schnuller". Also gab es keine Nacht, in der ich durchschlafen konnte. Und unser ältester Sohn Steffen (damals gerade fünf Jahre alt) musste sich viel Mühe geben, neue Freundschaften in Denglisch, seinem Kauderwelsch aus kanadischem Deutsch und Englisch, zu knüpfen. Daneben gab es so viel Fremdes: Ich konnte mich einfach nicht an die ungewohnten Geschäftszeiten und -bedingungen gewöhnen. Wie oft stand ich in der Mittagszeit vor verschlossener Tür und einem Schild beschriftet mit „Mittagspause" oder abends nach achtzehn Uhr einem simplen „Geschlossen". Wie oft hatte ich mich mit beiden Kindern umsonst aufgemacht.

Wie oft konnte ich nicht direkt bezahlen, weil ich – wie

gewohnt – nur einen Scheck oder eine Kreditkarte zur Hand hatte!

Als ich „wieder einmal" bei der Bank neue Schecks beantragte (man bekam ja nur zehn Stück auf einmal!) guckte der Bankangestellte mich mitfühlend, fast mitleidig an und sagte: „Tja, Frau Schulte, wir haben schon gemerkt, dass Sie aus Kanada kommen!" Dennoch reichte er mir wieder ganz höflich zehn Schecks, die er einzeln abzählte, und bat noch um eine Unterschrift.

Warum so kompliziert, dachte ich! In Kanada gibt man seine Bestellung für Schecks einfach telefonisch bei seiner Bank durch und bekommt prompt 250 Stück in einer Schachtel per Post zugeschickt – ohne Unterschrift.

Oder wie oft hatte ich eine Verkäuferin versehentlich mit „Du" angesprochen und natürlich verwirrte Blicke geerntet ... Unter den Deutschen in Kanada war das „Sie" einfach nicht geläufig gewesen.

Wie oft war meine grammatikalische Schwäche im 3. Fall so offensichtlich – aber „leider, leider" hatte ich keinen Akzent. Hätte ich doch bloß einen Akzent gehabt ... dann hätte ich etwas mehr Narrenfreiheit gehabt!

Wie oft habe ich mein Gegenüber ungewollt zum Schmunzeln gebracht, weil ich für irgendetwas nicht das richtige deutsche Wort fand, sondern nur ein ähnliches.

Zum Beispiel aßen unsere Kinder am Anfang noch am liebsten weiches, saftiges Weißbrot, wie sie es gewohnt waren. Also hatte ich mich informiert, wo man das kriegen konnte, und mir war noch die Empfehlung einer Bekannten im Ohr, dass es da so ein Brot gab ... „Stute". Das Wort hatte ich schon mal gehört! Also marschierte ich fröhlich zur nächsten Bäckerei und bat um zehn Brötchen und eine Stute. Die Verkäuferin antwortete knapp: „Die Brötchen kann ich

Ihnen gerne geben, aber die Stute bekommen Sie eher auf dem Bauernhof!"

Wie peinlich! Dass ich eigentlich einen „Stuten" wollte, wusste ich leider erst im Nachhinein.

Man lebt und lernt!

Auch wenn ich Deutsch ziemlich gut verstand, wusste ich trotzdem nicht, was „Nordrheinwestfalen" ist und konnte das Wort erst nach einiger Zeit einordnen, wiederholen und schreiben.

Auch wenn ich vieles von den Wörtern her kannte, blieb vieles offen: Wer war der Mann oder die Frau im Fernsehen, im Radio, im Bundestag? Um die Tageszeitung zu verstehen, habe ich gedacht, müsste ich erst in diesem Land promovieren.

Glücklicherweise hatte ich meine erfahrene ältere Schwester, Marion, die einige Jahre früher nach Deutschland gezogen war und mir so manches erklären konnte, zum Beispiel wo ich Milch, Mehl und Butter gezielt im Supermarkt finden konnte – weil ich es von der andersartigen Verpackung nicht auf Anhieb erkannte. Sie brachte mir auch bei, dass man in Deutschland morgens vor zehn Uhr niemanden besucht, auch nicht in der Mittagszeit zwischen zwölf und vierzehn Uhr, oder dass eine Kaffee-Einladung auf dem Lande für fünfzehn Uhr dreißig und in der Stadt für sechzehn Uhr gilt und ich danach spätestens um achtzehn Uhr gehen muss, dass ich den Rasen nicht in der Mittagszeit mähen darf aber auch nicht spätabends, und dass ich nie jemanden um zwanzig Uhr anrufen sollte, weil dann alle Deutschen vor ihrem Fernseher sitzen und die Tagesschau schauen.

Ach, was war das Leben auf einmal so kompliziert und anstrengend geworden!

Irgendwie auch unbefriedigend. Ich kam mir oft vor, als

wäre ich gerade gestern erst geboren. Der Alltag im fremden Land hatte mich spätestens jetzt eingeholt. Es war schwieriger, als ich gedacht hatte.

Wollte ich das überhaupt für meine Zukunft? Musste ich mir das alles überhaupt antun und so viel auf mich nehmen? Es war doch alles so schön und bequem in Kanada. Ganz zu schweigen von dem höheren Lebensstandard – den ich ja als Hausfrau schon zehn Jahre kennen gelernt und genossen hatte.

Selbstmitleid?! Wehmut?! Heimweh?! Aber nach was? Oder nach wem? Vermisste ich auf einmal das Altbekannte, Vertraute, Gewohnte, Bequeme und das ach so schöne Leben oder die ach so unkomplizierten Menschen in Kanada? War ich auf einmal doch nicht mehr so offen für Gottes Wege – nur weil sie nicht so bequem waren und weniger viel versprechend aussahen, als ich mir es vorgestellt hatte?

Der Gedanke, dass Gottes neue Wege vielleicht in Zukunft anstrengend sein könnten, gefiel mir überhaupt nicht. Offen sein für Gott ist ja schön und gut, aber man muss es ja nicht übertreiben! Alles hat ja seine Grenzen, oder?!

Ich kam ins Zweifeln. Fing an zu jammern. Zu klagen. Wurde auch müde von allem. Auf einmal fühlte ich mich nicht mehr von Gott geführt, sondern regelrecht „verführt". Ich fühlte mich für dumm verkauft und wollte den neuen „Job" einfach schmeißen – aber wusste zugleich, dass ich das gar nicht mehr konnte.

Eines Abends, nicht mehr lange vor unserem Rückflug nach Kanada, war Wilfried mal wieder unterwegs und René mal wieder wach geworden. Ich nahm ihn ins Badezimmer, legte ihn auf die Wickelkommode und schaute in die schwarzen Hochglanzwandfliesen, in denen ich mich wie in einem Spiegel erkennen konnte. Ein müder, trauriger, verzweifelter Gesichtsausdruck starrte mich da an.

Da klagte ich mein Leid. Nicht mir selbst, sondern ganz bewusst Gott … und das ziemlich vorwurfsvoll: „O Gott, ich habe voll verstanden, dass du uns als Familie hier in Deutschland haben willst. Aber doch nicht so. Das mach ich nicht mit. Das ist mir alles viel zu anstrengend. Was immer du hier vorhast – dafür kannst du dir jemand anderen aussuchen. Ich will lieber in Kanada bleiben."

Danach nahm ich René in den Arm und ging zurück ins Schlafzimmer, wo ich ihn wieder ins Bett legen wollte. Aber ich schaffte es leider nicht ganz bis dorthin. Kurz vor dem Bett stolperte ich mit meinen ersten stabilen deutschen Hausschuhen auf dem Teppich, verlor das Gleichgewicht und knallte mit voller Wucht auf die Holzbettkante. Ein Volltreffer für den Kopf. Als ich wieder zu mir kam, waren mein Gesicht und Pulli voller Blut – aber dem Kind ging's gut, trotz des Schocks. Ganz langsam, ziemlich besorgt und mit einer dunklen Vorahnung wagte ich mich vor den Spiegel. Da war eine Platzwunde über meinem linken Auge. Auch das noch! War nicht alles schon schlimm genug? Mir blieb nichts anderes übrig; ich musste Wilfried aus einer Veranstaltung in der Stadthalle holen lassen und zusammen fuhren wir ins Krankenhaus, während ein Bekannter nach den Kindern sah.

In den nächsten Tagen suchte ich eine Erklärung für alles und sprach mit Gott über diesen Vorfall. Ich weiß natürlich, dass nicht alles irgendwie immer einen großen, höheren Sinn haben muss, und ich weiß auch, dass, solange ich auf dieser Erde lebe, solche Dinge im Alltag einfach passieren können.

Aber eines dachte ich damals wie heute: Gerade weil ich an Gott glaube und mit ihm lebe, bin ich sein Kind und nicht

Opfer irgendeines Menschen, Schicksals oder Umstandes. Alles, was mir passiert oder nicht passiert, ist von Gott mindestens zugelassen.

Und so suchte ich bei Gott nach einer Reaktion. Nach einer Antwort. Ich suchte einfach seine Nähe und Hilfe, um alles begreifen zu können. Ich suchte seinen Trost. Einen Weg, wie es weitergehen konnte.

Dabei wurde mein linkes Auge mal blau, mal grün, mal gelb. Am liebsten hätte ich mir zum Einkaufen ein Schild umgehängt: „Nein, mein Mann hat mich nicht geschlagen". Da musste ich durch – wenn auch mit einer Sonnenbrille, was ja im Spätfrühling auch nicht ganz unangebracht ist.

Erst als wir wieder nach unserer Probezeit in Kanada zurück waren, las ich mit großem Interesse in der Bibel einiges über das Volk Israel, das Gott aus Ägypten in ein neues Land geführt hatte *(nachzulesen im 2. Buch Mose)*. Gottes neuer Weg für sie war ihnen ganz klar geworden. Zuerst waren sie auch ziemlich glücklich und dankbar, wie und wo Gott sie hinführte. Nichts und niemand hätte sie aufhalten können. Und auf dem Weg zu ihrem neuen Glück hatte Gott ihnen auch viel Gutes getan und gegeben. Er hatte ihnen ganz klare Anweisungen gegeben und sie unmissverständlich geführt. Er hatte sie täglich mit allem versorgt, was sie brauchten. Auch große Wunder hatte er getan – mehr als je zuvor.

Und trotzdem, obwohl sie Gottes Wege erkannt und sich aufgemacht hatten, fingen sie irgendwann mitten auf der Strecke an zu zweifeln. Kaum nachzuvollziehen. Sie zweifelten, ob dieser neue Weg sich tatsächlich lohnen und ob es ihnen am neuen Ziel überhaupt besser gehen würde. Trotz Gottes Liebe und einer klaren Führung fingen sie an, über absolut alles zu jammern und zu klagen. Manches war ihnen zu wenig, anderes zu viel. Sie fingen an, alles mit „früher" zu vergleichen, ohne dass sie überhaupt schon am Ziel waren. Auf einmal sehnten sie sich wieder zurück zum alten, gewohnten, vertrauten Leben.

Sie hatten irgendwann einfach ihr Vertrauen in Gott und seine Zusagen verloren, ihr Ziel aus den Augen verloren – wohl einfach deswegen, weil ihnen der Weg zum neuen Ziel nicht zusagte. Es war eben vieles anders, als sie es sich vorgestellt hatten.

Mir kam diese Geschichte ja so bekannt vor!

Ich hätte einer von diesen Menschen sein können. Genauso hatte ich ja auch reagiert. Zuerst hatte ich Gottes Wege auch ganz klar erkannt und mich aufgemacht. Das wollte ich ja auch. Gott selbst hatte das Wollen in mir bewirkt und war ständig bei mir und der Familie. Und nun – genau wie das Volk Israel – war ich am Jammern und Stöhnen, weil der Weg anstrengend geworden war und ich wohl nicht mehr glaubte, dass Gott mir genügend Kraft und Freude für den Rest dieses Weges schenken konnte.

Ja – und wie hatte Gott auf die unzufriedenen, undankbaren Nörgler damals reagiert, die ihr Ziel zu schnell aus den Augen verloren hatten?

Er war zornig geworden, hatte sie „widerspenstig" genannt und zurechtgewiesen. Am liebsten wollte er sie im wahrsten Sinne des Wortes „in die Wüste" schicken und dort auch lassen.

Als ich das las, wurde mir klar, wie ernst Gott es mit seiner Führung in unserem Leben und unserem Weg nach Deutschland meinte. Mir wurde auch plötzlich bewusst, wie gnädig er mit mir war, denn seine Zurechtweisung war trotz allem sehr liebevoll und barmherzig, fand ich. Schließlich hatte er nur zugelassen, dass ich eine kleine Schnittwunde hatte, die man kaum sah – die mir aber für immer als Andenken geblieben ist.

***Sprüche 3,11**: „Wenn der Herr dich zurechtweist, dann sei nicht entrüstet, sondern nimm es an, denn darin zeigt sich seine Liebe."*

Das war in meinen Augen eine absolute Liebeserklärung. Gerade weil Gott mich zu meinem Glück zwingen musste, hatte er mich durch sein Eingreifen zum Nachdenken gebracht und auch eines Besseren belehrt.

***Philipper 2,13-14**: „Gott selbst bewirkt beides in euch: den guten Willen und die Kraft, ihn auch auszuführen. Bei allem, was ihr tut, hütet euch vor unzufriedenem Murren und misstrauischen Zweifeln. Dann wird euer Leben hell …!"*

Manchmal bin ich zu einem schweren Auftrag berufen, der mir zunächst gar nicht so sehr zusagt – trotzdem steht Gott mir zur Seite. Das heißt nicht, dass er meinen Auftrag ändert oder die Umstände, sondern dass er mich stärkt, mir Kraft gibt und immer wieder Erleichterung schenkt.

Was bringt es mir und anderen Menschen, wenn ich etwas von Gott als richtig und gut erkannt habe, aber ständig unzufrieden murre und misstrauisch zweifle? Das passt einfach nicht zusammen, es ist nicht stimmig, und ewiges Klagen macht bekanntlich unseren Schmerz und unsere Umstände nicht erträglicher, sondern nur noch unerträglicher. Wenn ich etwas in meinem Herzen wirklich als richtig und gut erkannt habe, dann lebe ich auch so. Dann rede ich auch so. Dann handle ich auch so. Und dann wird mein Leben auch hell.

Klagen, habe ich gelernt, ist an sich nicht falsch. Es ist sogar bei Gott erlaubt. Wichtig ist, dass meine Grundhaltung stimmt. Das heißt, dass ich von Gottes Macht und Gerechtigkeit überzeugt bin und ihm die Sache anbefehle. Das befreit und lässt mich trotz anstrengender Tage getrost hoffen. In dieser Grundhaltung darf ich meinem Herzen auch immer wieder richtig Luft machen. Das tut gut und ist bei Gott willkommen.

Was bin ich froh, dass Gott uns so sehr liebt, dass er uns manchmal zu unserem Glück zwingt.

> Wo Gottes Wort bei mir ist,
> finde ich in der Fremde meinen Weg,
> im Unrecht mein Recht,
> in der Ungewissheit meinen Halt,
> im Leiden die Geduld.
>
> *Dietrich Bonhoeffer, 1940*

Zum meinem Glück „gezwungen". So lebt sich's gut!

4 Loslassen

Zurück in Kanada hatten wir nun ein Jahr Zeit, um unseren endgültigen Umzug nach Deutschland anzugehen. Der erste Schritt war der schwerste. Vor diesem ersten Schritt haben wir uns regelrecht gefürchtet: irgendwann und irgendwie meinen Eltern beizubringen, dass wir als Familie auswandern wollten. Wir beide … mitsamt ihren Enkeln, den einzigen, die sie zu dieser Zeit in Kanada hatten. Das war ein „Gang nach Canossa“ für uns.

Ich glaube, meine Eltern ahnten es schon länger, aber kein Wort war gefallen, bis wir alle eines Tages bei uns am Kaffeetisch saßen und wir ihnen diese gefürchtete Nachricht mitteilen mussten. Wir versuchten sehr vorsichtig, aber auch zugleich überzeugend, die Frage nach dem „Warum“ zu beantworten, so gut wir es konnten. Es war eine lange Antwort, die eine jahrelange Führung Gottes zu erklären versuchte. Wo sollte ich anfangen? Beim Bibelgesprächskreis, der meine Liebe für Gott und die Bibel neu weckte? Oder warum es überhaupt zu einer Probezeit in Deutschland kam? Oder wieso wir ganz genau wussten, dass Gott selbst uns nach Deutschland führte und nichts sonst? Wie konnte ich meinen eigenen Eltern überhaupt sagen, dass ich nirgendwo auf der ganzen Welt lieber sein wollte, als an dem Platz, wo Gott mich haben wollte, auch wenn das weit weg war von ihnen – ohne sie zu verletzten?

Es war mir ein großes Anliegen, dass sie alles nachvollziehen und sich mit uns freuen konnten. Aber trotz aller

Bemühungen konnte jegliche lange, ausführliche Antwort den schmerzlichen Gedanken der Trennung nicht erträglicher machen. Die Stimmung am Tisch wurde ganz ruhig und traurig. Unsere Herzen klopften wie im Takt eines Trauermarsches. Jedes weitere Wort oder jede weitere Erklärung waren jetzt überflüssig – wären eher wie ein weiterer Messerstich gewesen. Die Herzen waren gebrochen. Die Luft war dick. Und ziemlich bald war die Luft auch raus.

Mama entschloss sich stillschweigend für einen Spaziergang mit einem Enkel, dorthin, wo keiner ihre Tränen sehen konnte. Papa blieb wie ohnmächtig am Tisch sitzen und signalisierte dann mutig, wenn auch mit schwerem Herzen und stockender Stimme, Verständnis – ja ich glaube, ich kann sogar behaupten, tiefes Einverständnis.

Das tat zunächst einfach gut. Trotzdem war dieser Nachmittag der Anfang von vielen weiteren, traurigen, schweren Stunden. Jede weitere Begegnung, jedes weitere Telefonat war gekennzeichnet von einer untröstlichen Abschiedsstimmung.

Wie sollte es die nächsten Monate weitergehen? Wie konnte ich meine Eltern trotz dieser Nachricht so bald wie möglich wieder glücklich erleben – besonders Mama –, wo doch ihr Schmerz immer wieder zum Ausdruck kam durch die Frage: „Warum bloß?“

Was konnte ich nur tun? Was sagen? Wie sollte ich mich auf der einen Seite über Gottes klare Führung freuen und mutig seine neuen Wege gehen und andererseits schweren Herzens miterleben, wie wichtige Menschen in unserem Leben darunter so leiden mussten? Wie konnte das sein? Warum war das so? Warum ließ Gott das zu? Wenn Gottes Wege gut sind, warum dann nicht für alle Beteiligten?

Warum fällt dem einem so eine Sache leicht und einem

anderen so schwer? Wie paradox kam mir plötzlich alles vor – ich wollte demnächst Herzen in Deutschland für Jesus begeistern und brach doch gleichzeitig gerade deswegen andere Herzen in Kanada. Wie sollte ich diese Spannung aushalten?

Ich fühlte mich auch wie auf der Anklagebank. Was konnte ich bloß noch tun oder sagen, damit meine Mutter getröstet war? Sollte ich mich selbst rechtfertigen? Oder Gott – der hinter all diesem steckte? Einmal war ich so überfordert mit der Situation, so verzweifelt und ratlos, dass ich weinend gebeugt über meiner Bibel am Küchentisch saß und Jesus anflehte – den, der doch jeden Schmerz, jede Herausforderung kennt und auch auf dieser Erde durchlebt hat. Den, der mich besser verstehen konnte als irgendein Mensch: „Bitte, bitte, du musst mir weiterhelfen. Du musst mir zeigen, wie ich mit solch einer Situation umgehen soll. Was würdest du tun? Wie würdest du reagieren? Würdest du dich selbst rechtfertigen?"

Voller Sehnsucht nach Gottes Antwort schlug ich einfach die Bibel auf und fing an zu lesen. Ich suchte einfach Gott. Ich streckte mich nach ihm aus und fand dabei die Antwort. Mit immer mehr Tränen in den Augen – irgendwann aber mit Freudentränen – las ich die Geschichte von Jesus, dem Gott einen ganz schweren und für viele Menschen unverständlichen Weg auferlegt hatte … und Jesus hatte sich ganz bewusst für diesen Weg entschieden. Er war bereit und willig, weil er wusste, dass Gottes Wege ihm, uns und allen anderen Menschen letztendlich immer zum Besten dienen. Als er deswegen immer wieder hinterfragt wurde und dann schließlich auch vor den Statthalter Pilatus geführt und herausgefordert wurde, sich selbst zu verteidigen, hat Jesus einfach geschwiegen, kein einziges Wort gesagt.

Wie kam das, fragte ich mich.

Die Antwort war schnell klar: Er wusste ja, was Gott wollte. Und er wusste, dass es nicht viel bringen würde, wenn er sich mit vielen Worten 24 Stunden am Tag rund um die Uhr rechtfertigen würde. Das war nicht sein Auftrag.

Sein Auftrag war, „Gottes Willen" zu tun, so oder so. Also ging er ruhig und gelassen und in Würde seinen Weg. Einen Weg, der uns Menschen eine persönliche Beziehung zu Gott möglich machte. Einen ruhigen Weg ohne Kampf und ohne Rechtfertigung. Einen Weg, der sich schlussendlich als ein großer und Gewinn bringender Sieg entpuppte *(nachzulesen in Markus 14 und 15)*.

Nun hatte ich meine Antwort. In dieser Geschichte hat Jesus uns vorgelebt, wie man mit solch einer Situation im Alltag umgehen und sie meistern kann. Von ihm hatte ich nun gelernt, dass es meine Aufgabe ist, Gottes Willen zu suchen und zu tun und nicht zu versuchen, alle Menschen von Gottes Plänen für mein Leben zu überzeugen.

Das war Gottes Sache. Ich hatte ja selbst einige Zeit gebraucht, um Gottes Wege in meinem Leben zu begreifen und zu überblicken. Wie konnte ich nun erwarten und verlangen, dass andere ihn auf Anhieb verstanden?

Das fällt uns Menschen schwer, das weiß Gott auch – darum heißt es wohl in der Bibel:

***Sprüche 20,24**: „Gott lenkt die Schritte des Menschen; wie kann der Mensch sein Leben überblicken?"*

Ich hatte meine Antwort. Von nun an war ich bereit, den Schmerz der Trennung einfach stehen zu lassen – egal, wie er sich äußerte. Ich musste endlich die Vorstellung loslassen, dass ich dafür verantwortlich sei, dass jeder meinen Weg mit Gott gleich versteht und akzeptiert.

Sogar am Tag unseres Abfluges nach Deutschland (wir wohnten zuletzt bei unseren Eltern, weil unser ganzes Hab und Gut verkauft war) kam Mama noch einmal runter ins Gästezimmer und fragte: „Doris, warum bloß?"

Es fiel ihr immer noch so schwer. Und ich hatte auch diesmal keine andere Begründung als bisher: im Vertrauen auf Gott und seine Führung. Nur diesmal fügte ich ganz zuversichtlich hinzu: „Und Gott wird es eines Tages beweisen, dass es gut und richtig war." Davon war ich zutiefst überzeugt.

Kurz nach unserer Ankunft in Deutschland bekam ich Briefe von drei Bekannten, die mir alle bestätigten, dass Mama überall erzählte, warum und weshalb wir in Deutschland sind – nämlich durch Gottes Führung.

Heute weiß ich aber auch: Falls ich nicht mehr hier bleiben wollte, wäre sie die Erste, die mich mit dem ersten Flugzeug von Kanada wieder zurück nach Deutschland schicken würde. Sie hat auch gelernt loszulassen.

Prediger 3,1-7.11:

„Jedes Ereignis, alles auf der Welt hat seine Zeit:
Geborenwerden und Sterben,
Pflanzen und Ausreißen,
Töten und Heilen,
Niederreißen und Aufbauen,
Weinen und Lachen,
Klagen und Tanzen,
Steinewerfen und Steinesammeln,
Umarmen und Loslassen,
Suchen und Finden,
Aufbewahren und Wegwerfen,

Zerreißen und Zusammennähen,
Reden und Schweigen …

… Für alles auf der Welt hat Gott schon vorher die rechte Zeit bestimmt.

Loslassen. So lebt sich's gut!

5 Ein Blick in die Zukunft

Das Loslassen von Menschen war der erste Schritt. Nun mussten wir aber auch unsere bisherigen Aufgaben und Verpflichtungen loslassen. Für Wilfried war es nicht ganz so schwer, denn er hatte schon ziemlich bald im Vorfeld eine klare Perspektive. Sein neuer Arbeitsplatz sowie neue Aufgaben standen fest. Er wusste ziemlich genau, warum er nach Deutschland ging und was auf ihn zukommen würde. Es war spannend für ihn und er freute sich auf einen neuen Alltag mit sinnvollen Aufgaben. – Aber ich? Wo blieb ich?

Wo bleibt eigentlich eine Ehefrau in dieser ganzen göttlichen Führungsgeschichte? Und die Kinder?

Wenn Gott einen Mann woanders einsetzen will, müssen Frau und Kinder dann einfach „hinterherdappeln", ohne Perspektive für sich selbst? Ging es bei dieser ganzen Sache nur um Wilfried und seinen Einsatz? Oder auch um meine Person und meinen Einsatz?

Schon wieder hatte ich ein heißes Gesprächsthema mit Gott.

Ich wollte nicht einfach „nur" mittrippeln, sondern auch wissen, ob Gott mich persönlich in Deutschland gebrauchen kann und will. Dazu war ich bereit. In Kanada hatte ich mich zuletzt zusammen mit meiner Freundin in einer überkonfessionellen Frauenarbeit engagiert, die uns nicht nur Spaß machte, sondern auch im Glauben viel weiter gebracht hatte. Es war eine sinnvolle Aufgabe.

Und nun sollte ich alles aufgeben und nach Deutschland gehen, „nur" weil Gott meinen Mann dort einsetzen wollte? Das konnte ich mir nicht vorstellen. Das passte nicht. So hatte ich Gott in der Bibel bisher nicht kennen gelernt. Und so sollte ich ihn auch nie kennen lernen! Dafür hatte er selbst dann eines Morgens gesorgt.

An einem gewissen Morgen las ich die Geschichte von Abraham und Sara in der Bibel (1. Mose 22). Gott hatte Abraham einen Auftrag gegeben, und weil Abraham bereit war, diesen Auftrag auszuführen, hatte Gott versprochen, ihn zu segnen. Gott versprach Abraham, dass er eines Tages so viele Nachkommen haben sollte *„wie Sterne am Himmel!"*

Plötzlich ging mir ein Licht auf! Ich grinste übers ganze Gesicht und dachte: Diese Verheißung würde wohl kaum für *beide* in Erfüllung gehen, wenn nur der Einsatz von Abraham gefordert wäre. Und wie hätte Abraham ohne seine Frau Sara den Auftrag, auf Gottes Wort hin wegzuziehen, erfüllen können? Sprich: im Alleingang? Gar nicht! Überhaupt nichts hätte er so für Gott tun können! Es war praktisch nicht möglich. Damit Gottes Auftrag getan und seine Verheißung überhaupt in Erfüllung gehen konnte, musste Abraham das Ganze zusammen mit seiner Frau Sara anpacken. Alleine wäre es nicht gegangen. Für mich war es in diesem Moment ganz klar: Wenn Gott einen Mann beruft und der verheiratet ist, dann sind beide gleich berufen und gefragt. So wie Abraham und Sara, so ist jedes Ehepaar nicht nur eine Liebesgemeinschaft, sondern *auch* eine auftragsbestimmte Partnerschaft. Ein Team, das Gott zusammenführt und einsetzt, um gute Ziele zu erreichen. Und nur zusammen können Mann und Frau so ihr äußerstes Potenzial erreichen. Nur so können sie vollkommene Erfüllung erleben.

Mir war klar: Ich bin die Frau, die Wilfrieds Bedürfnissen

entspricht und ihm die ihm fehlenden Puzzleteile zur Verfügung stellt. So einzigartig und unterschiedlich wir sind, wir brauchen einander, damit das Puzzle komplett ist – auch damit unser Einsatz wirklich effektiv sein kann. Ich freute mich wie ein Kind über diese Einsicht, und voller Zuversicht bat ich Gott direkt danach, mir auch eine Aufgabe in Deutschland zu schenken.

Während ich darum betete, sah ich mich plötzlich in einem Klassenzimmer vor einer Gruppe von Lernenden. Und ich war die Lehrerin! Wie komisch, dachte ich. Was soll das? Wo willst *du* mal in Deutschland unterrichten? Und was?

Du hast keine Ausbildung. Ganz zu schweigen davon, wie schlecht dein Deutsch ist. Das ist doch alles unsinnig. Ich konnte nichts mit diesem Bild anfangen und habe auch niemandem davon erzählt.

In Deutschland angekommen – es war genau zwei Wochen nach unserer Ankunft – bekam ich Besuch von meinem Schwager Peter, der mich fragte, ob ich mir vorstellen könnte, Englisch zu unterrichten am Neues Leben Seminar, einer staatlich anerkannten theologischen Ausbildungsstätte.

„Nein", dachte ich im Stillen ganz spontan. „Niemals!" Das konnte ich mir auf keinen Fall vorstellen! Gerade als ich antworten wollte, kam mir wieder dieses Bild vom Klassenzimmer in den Sinn … und ich hatte nun eine Ahnung, warum Gott mir vor Monaten, als ich mit ihm im Gespräch über meine Zukunft war, mir dieses Bild vor mein inneres Auge gemalt hatte – ich glaube, damit ich nun mutig, ohne Zögern und ohne Zweifel „ja" sagen konnte. Das habe ich dann auch direkt getan, in der Gewissheit, dass Gott mich auch noch erkennen lassen würde, wie ich diesen Auftrag angehen und durchführen konnte. Ohne dieses Bild von Gott hätte ich mich sicher niemals auf dieseAufgabe eingelassen.

Beeindruckend war und bleibt für mich, dass Gottes Reden zu uns sich immer als zuverlässig und wirksam erweist. Immerhin sind es jetzt schon 18 Jahre, die ich an dieser Schule unterrichte – auch häufig in dem Zimmer, in dem ich mich gesehen hatte, als ich damals mit Gott darüber sprach. So kann es kommen, dass Gott uns – manchmal sogar noch während wir mit ihm reden – eine neue Platzanweisung schenkt.

Wenn Sie sich so eine Führung Gottes, die während des Betens passiert, kaum oder schwer vorstellen können, lesen Sie einmal die erstaunlichen Erfahrungen anderer Menschen. Zum Beispiel in der Bibel.

Was dort an Erfahrungen gesammelt ist, zeigt uns, dass Gott sich nicht ändert. Er ist und bleibt derselbe. Wie er Menschen früher geführt hat, so kann er es auch heute im 21. Jahrhundert tun.

***Apostelgeschichte* 13,2-4**: *„Als diese Männer während eines Fastens gemeinsam beteten, sprach der Heilige Geist zu ihnen: Gebt Barnabas und Saulus für die Aufgabe frei, zu der ich sie berufen habe! Da fasteten und beteten sie, segneten Barnabas und Saulus und sandten sie zum Missionsdienst aus."*

Johannes 16,13-14: *„Wenn aber der Geist der Wahrheit kommt, werdet ihr die Wahrheit vollständig erfassen. Denn er redet nicht in seinem eigenen Auftrag, sondern gibt nur das weiter, was ihm gesagt wurde. Auch was in Zukunft auf euch wartet, wird er euch verkündigen. Dadurch wird er mich verherrlichen; denn alles, was er euch zeigt, kommt von mir."*

Ein Blick in die Zukunft. So lebt's sich gut.

6 Es gibt kein „zu spät“

Loslassen – das blieb ein aktuelles Thema bei uns. Manchmal schien es mir, als würde das Thema Loslassen uns partout nicht loslassen!

Nachdem wir gelernt hatten, Menschen loszulassen und auch unsere bisherigen Aufgaben, mussten wir nun auch unser Hab und Gut loslassen – zwangsläufig. Denn was nutzen einem Waschmaschine, Trockner, Bügeleisen, Toaster, Kaffeemaschine, Fön, Rasenmäher, Kassettenrekorder und vieles mehr mit 115 Volt-Anschlüssen in Deutschland?

Gar nichts – außer vielleicht als Andenken an frühere Zeiten. Also mussten wir viele Haushaltsgeräte verkaufen. Und nicht zuletzt unser Haus.

Das Erste ging schnell und reibungslos. Dafür sind die beliebten und gut besuchten „Garage Sales“ oder „Yard Sales“ in Nordamerika bestens geeignet. Man baut einfach alles, was man loswerden will, in seiner Garage oder auf dem Rasen auf – ähnlich wie auf einem Trödel-Markt – und stellt ein „For Sale“-Schild auf, macht ein bisschen Werbung in der lokalen Zeitung und schon strömen die Massen an und nehmen auch massenweise mit, was man nur tragen kann. Das ist ganz üblich und klappte auch bei uns wie geschmiert. Wir wurden an einem einzigen Tag fast alles los.

Nur mit unserem Haus klappte es nicht! Obwohl regelmäßig Interessenten vorbeikamen, manchmal sogar täglich, biss keiner von ihnen an. Finanzkräftige Käufer waren nie dabei, trotz der Hilfe eines Maklers. Ich lebte täglich zwischen Hoffen und Bangen. Zwischen Glauben und Zweifeln. Folglich wurde ich immer nervöser. Die Zeit lief uns davon. Und schließlich – nicht ganz so unwichtig – stand der Abflugtermin schon fest und rückte erbarmungslos näher. Jetzt waren es nur noch 6 Wochen bis zum Abflugtermin am 15. Juli 1985.

Hatte Gott uns vergessen? Hatte er vergessen, dass es seine Idee war mit dem Umzug? Was sollte aus dem Haus werden?

Wir waren bereit, alles loszulassen. Aber warum tat Gott nichts? Worauf wartete er noch? Bis es zu spät war? Ich hatte doch alles Vertrauen auf Gott gesetzt.

In der Zwischenzeit hatte ich noch unseren Küchentisch mit Stühlen aus Ahorn in der Zeitung annonciert. Eine nette junge Frau interessierte sich und kaufte den Tisch auch prompt. Sie zahlte wie üblich per Scheck und unterschrieb zu meiner Überraschung mit dem Namen „Döring".

Was für ein Zufall! Das war doch der Mädchenname meiner Mutter. Als ich dieser jungen Frau das sagte, fragte sie mich, ob sie abends, wenn sie den Tisch mit dem Auto ihres Mannes abholen wollte, ihre Schwiegermutter mitbringen könnte, denn sie würde sich immer so gerne mit gleichnamigen Einwanderern aus Deutschland austauschen. Und so kam es, dass diese mir völlig unbekannte Frau Döring am Abend Fragen über Fragen stellte, unter anderem, wann und warum ich als Kanadierin nach Deutschland ziehen würde – wo es doch normalerweise eher umgekehrt der Fall sei. Mir blieb nichts anderes übrig, als die Wahrheit zu erzählen, die ganze Wahrheit. Das hieß, meine „komische, fromme Story" zu erzählen, von der ich glaubte, dass keiner sie verstehen würde.

Trotzdem erzählte ich ihr ausführlich die ganze Geschichte. Sie hörte ruhig und verständnisvoll zu und fragte am Schluss: „Haben Sie etwas mit den christlichen Radiosendungen vor Ort zu tun, hinter denen ein Mann namens Schulte steht?"

„Ja", sagte ich, „das sind mein Mann, Wilfried, und mein Schwiegervater, Anton."

„Na", meinte sie ganz freudig, „dann sind Sie ja auch Christ!"

Dann fragte sie mich noch: „Frau Schulte, als ich Sie fragte, wann Sie nach Deutschland ziehen, haben Sie ganz traurig und enttäuscht gesagt: in sechs Wochen. Warum so traurig?"

Ich erzählte ihr von unserem vergeblichen Versuch, unser Haus rechtzeitig vor dem Abflugtermin zu verkaufen und dass ich über Gottes Zeitmanagement ganz schön verwirrt sei.

Da lebte sie plötzlich auf und sagte mit einer frischen, überzeugten Bestimmtheit, die mir so gut tat: „Sechs Wochen! Das ist eine lange Zeit für Gott! Wetten, er tut's in letzter Minute! Für Gott gibt es kein ‚zu spät'."

Als ich ihre letzten Worte hörte, „Bei Gott gibt es kein ‚zu spät'!", erinnerte ich mich an das, was ich morgens in der Bibel gelesen hatte. Es war genau das Gleiche: Für Gott gibt es kein „zu spät". Es war, als wollte Gott mir bestätigen: „Ja, Doris, genau das kann ich tun – auch in deinem Fall. Egal wie spät. Lass dich durch mein Zeitmanagement nicht erschrecken. Hab weiterhin Vertrauen."

Diese Begegnung war kein Zufall, da war ich mir sicher. Dieses Ereignis hatte mal wieder nur Gott anzetteln können. Nichts ahnend hatte ich unsere Küchenmöbel in der Zeitung annonciert und kurz darauf stand eine unbekannte Frau bei mir in der Küche und sagte mir genau das, was ich morgens von Gott selbst gehört hatte. Volltreffer. Alles passte.

Ich dachte noch, wie gut, dass ich die Bibel auch an diesem Morgen gelesen hatte, sonst hätten mir die Worte dieser Frau – egal wie tröstlich – nicht viel bedeutet. Auf alle Fälle nicht so viel, dass ich mich danach gerichtet hätte. Es hätte kaum Einfluss auf meine Entscheidungen gehabt.

Nun wusste ich, Gott hatte uns nicht vergessen, sondern hatte mir durch eine wildfremde Frau – eine Prophetin, wie ich sie nannte –, die mir eine gute und Mut machende Nachricht von Gott auszurichten hatte, tatsächlich Mut gemacht. Als sie weg war, griff ich unmittelbar zum Telefon, rief meinen Mann an und sagte: „Es war gerade eine Prophetin in unserem Haus und hat uns wissen lassen, dass es bei Gott kein ‚zu spät' gibt und dass er oft Dinge ganz bewusst in letzter Minute tut."

Ab diesem Zeitpunkt glaubte ich und hielt auch ganz fest daran, dass unser Haus in letzter Minute verkauft würde. Schon wieder hatte Gott mir einen Schnuller gegeben – sein liebevolles Beruhigungsmittel –, damit ich durchhielt. Nun war ich sehr gespannt, wie sich alles noch „rechtzeitig" entwickeln würde.

In den zwei Berichten, die ich morgens in der Bibel gelesen hatte, ging es um Menschen in Notsituationen, die Jesus dringend um Hilfe gebeten hatten und auch ihr ganzes Vertrauen auf ihn gesetzt hatten, die es aber trotzdem erleben mussten, wie Jesus sich zuerst durch andere Probleme aufhalten ließ oder ganz bewusst mit seiner Hilfe zögerte, damit er etwas noch Besseres für sie tun konnte – ja das Allerbeste mit höchstmöglicher Wirksamkeit, damit noch mehr Menschen erkannten, wer Gott ist und was er alles kann. Jesus ist halt praktisch. Er liebt es, zwei Fliegen mit einer Klappe zu schlagen. Er ist nicht nur effektiv, sondern effizient.

Er weiß, was ein Volltreffer ist. Das Beste ist gerade genug. Das Beste für uns Menschen. Ich denke, Jesus kann und wird immer wieder nein sagen zum Guten in unserem Leben, weil er ja sagen will und wird zum Allerbesten.

In der einen Geschichte (*nachzulesen in Markus 5,21-42*) geht es um einen Vater namens Jairus, der sein ganzes Vertrauen auf die Hilfe Jesu setzt und ihn bittet, mit ihm nach Hause zu kommen, weil seine Tochter todkrank ist. Als sie unterwegs sind, lässt Jesus sich so lange von einer anderen kranken Frau aufhalten, bis ihn die Nachricht erreicht, dass die Tochter wohl schon tot ist, nach menschlichem Ermessen jedenfalls. Zu spät? Vertraut und verloren? Nein. Jesus tröstet den Vater mit den Worten: „*Verzweifle nicht! Verlass dich ganz und gar auf mich!*" (V. 6) Und dann geht Jesus ins Haus, redet zu dem Mädchen, bittet sie aufzustehen ... und siehe da, sie kann es sofort.

Zögern – ja! Aber zu spät handeln – nie!

In der zweiten Geschichte (*nachzulesen in Johannes 11,1-44*) geht es um zwei Schwestern, die Jesus mitteilen, dass sein Freund, ihr Bruder Lazarus, sehr krank ist und dringend seine Hilfe braucht. Die Schwestern Maria und Marta hatten Jesus kennen und lieben gelernt und setzten ihr ganzes Vertrauen auf seine Hilfe. Und was tut Jesus in diesem Fall? Er rührt sich nicht vom Fleck und sagt nur: „*Diese Krankheit führt nicht zum Tode, sondern durch sie soll die Macht Gottes sichtbar werden, und der Sohn Gottes wird dadurch verherrlicht.*" (V. 4) Erst als Lazarus schon vier Tage tot ist, macht Jesus sich auf den Weg zu ihm und sagt zu den Gläubigen, die bei ihm sind: „*Lazarus ist tot! Aber euretwegen bin ich froh, dass ich nicht bei ihm gewesen bin. Denn jetzt könnt ihr lernen, was Glauben heißt.*"

Als er endlich ankommt, sagt Marta, die Schwester von Lazarus, zu Jesus: „Herr, wärst du hier gewesen, würde mein Bruder noch leben. Aber auch jetzt weiß ich, dass Gott dir alles geben wird, worum du ihn bittest." Und Jesus versicherte ihr: „Dein Bruder wird wieder leben!" Und so kommt es dann auch.

„Unser Haus *wird* sich verkaufen!" Das wusste ich durch diese Geschichten und durch eine Prophetin, die Gott uns höchstpersönlich geschickt hatte. Und so ist es tatsächlich auch gekommen.

Das Haus wurde genau rechtzeitig verkauft – keine Sekunde zu spät! Wie das kam? Das erzähle ich gleich.

Jesus sagt manchmal „nein" zum Guten und „ja" zum Besten – und das nie zu spät!

Es gibt kein „zu spät". So lebt sich's gut!

7 Versprochen ist versprochen

Das Haus stand nach wie vor zum Verkauf und dementsprechend kamen angemeldet oder auch unangemeldet Interessenten. Jeden Interessenten hatte ich nun als potenziellen, von Gott geschickten Käufer in Erwägung gezogen. Sie kamen und gingen. Die Tage aber auch ..., und zwar ohne dass sich etwas tat.

Allerdings konnte ich es diesmal in meinem „Wartezimmer" aushalten, weil ich wusste, auch wenn Gott sich Zeit lässt und zögert, kann er noch in letzter Minute eingreifen, das Allerbeste zustande bringen und mich in Staunen versetzen. Kein Problem!

So blieb ich unbeschreiblich gelassen und hielt gleichzeitig die Augen und Ohren offen für neue Hinweise, wie ich weiter denken und planen konnte. Ich wartete relativ untätig auf die Dinge, die kommen sollten, bis ich eines Morgens wie gewöhnlich in meiner Bibel las und ein interessantes Anliegen Gottes entdeckte, das mir weiterhalf in Sachen Hausverkauf. Ich las in *1. Petrus 2,13:*

„Denkt daran: Es entspricht dem Willen des Herrn, wenn ihr euch den staatlichen Ordnungen und Gesetzen fügt. Gehorsam schuldet ihr nicht nur der Regierung eures Landes, sondern auch seinen Beamten."

Sehr interessant, dachte ich! Wenn ich mich in allen Dingen den staatlichen Ordnungen meines Landes Kanada unterordnen soll, wenn ich mich allen Gesetzen fügen soll, wenn ich mich der Regierung und den Beamten unterordnen soll, ohne Ausnahme – na dann gilt das wohl irgendwie auch den Rechtsanwälten und Notaren dieses Landes, also denjenigen, die für die Abwicklung eines Hausverkaufes verantwortlich sind. Die werden ja keine Ausnahme sein. Auch nicht in meinem Fall.

Wenn Gott das von mir erwartet, weil es seinem Willen entspricht, dann wird er sich selbst auch danach richten, auch was sein Zeitmanagement angeht. Gott kann und wird doch nie und nimmer im Widerspruch zu seinem Wort, seinem Willen, handeln. Er steht doch treu zu seinem Wort. Sein Wort ist ja genau das, was mein Denken und meine Entscheidungen geprägt und bestimmt hatte. Er war bisher immer zuverlässig. Ohne Ausnahme.

Jetzt war ich – Sie ahnen es schon – unbeschreiblich neugierig auf die nächsten Entwicklungen. Äußerst interessiert entschlossen wir uns, unseren Notar anzurufen. Wir wollten einfach von ihm wissen, wie viele Arbeitstage er brauchte, um den Verkauf eines Hauses in unserem Land ordnungsgemäß abzuwickeln. Seine Antwort war: zehn Tage.

Tja, und wie ich halt gestrickt bin, zählte ich im Kalender vom Abflugtermin am 15. Juli die Tage rückwärts, ohne die Wochenenden und ohne Feiertage zu zählen, und kam auf den 27. Juni.

Nun hatte ich schon wieder ein heißes Gesprächsthema mit Gott. Zurück an meinem Tisch, ganz alleine, fing ich an mit Gott in aller Ruhe darüber zu reden. „Gott, wenn du willst, dass ich mich in meinem Denken, Planen und Handeln nach allen staatlichen Ordnungen und Gesetzen in diesem Land richte, dann tust du es doch auch, oder? Wenn ich mich verbindlich daran halten soll, dann tust du das ja auch.

Dann heißt das letztendlich für uns, dass du dieses Haus gar nicht nach dem 27. Juni verkaufen kannst. Das geht nicht in diesem Land. Das wäre gegen die Ordnung dieses Landes. Dann würdest du auch im Widerspruch zu deinem Wort handeln. Also, Gott, wenn unser Haus nicht bis zum 27. Juni verkauft ist, gehe ich einfach davon aus, dass du es nicht verkaufen willst, sondern dass wir es doch vermieten sollen. Amen."

Am 27. Juni bekam ich frühmorgens einen Anruf von unserer Bank – mit der Nachricht, unser Haus sei verkauft. Die Finanzierung des Käufers sei durch, die gesamten Papiere unterschrieben und alles ginge heute noch per Post raus!

Sich Zeit nehmen, die Bibel zu lesen und anschließend entsprechend zu handeln, ist einfach genial. Gott steht zu seinem Wort – ohne Ausnahme. Das heißt: Ich kann mich mit meinem ganzen Denken, Wollen, Planen und Handeln hundertprozentig nach Gottes Wort ausrichten.

Es sind seine Anweisungen und seine Lebensprinzipien, die mich prägen, die hinter meinen Entscheidungen stehen und mich richtig führen.

Manchmal denke ich: Wo wäre ich ohne Gott und sein Wort?

Ich glaube, ich will es lieber nicht wissen.

Nehemia 1,5: *„Ach Herr, du Gott des Himmels, du mächtiger und Ehrfurcht gebietender Gott! Du hältst deinen Bund mit uns und erweist Gnade denen, die dich lieben und nach deinen Geboten leben."*

Psalm 19,8-12: *„Das Gesetz des Herrn ist vollkommen, es macht glücklich und froh. Auf seine Gebote kann man sich ver-*

lassen. Sie machen auch den klug, der bisher gedankenlos in den Tag hineinlebte. Die Ordnungen des Herrn sind zuverlässig, sie erfreuen das Herz. Die Befehle des Herrn sind klar; Einsicht gewinnt, wer auf sie achtet. Die Ehrfurcht vor dem Herrn ist gut, nie wird sie aufhören. Die Gebote, die der Herr gegeben hat, sind richtig, vollkommen und gerecht. Sie lassen sich nicht mit Gold aufwiegen, sie sind süßer als der beste Honig. Herr, ich gehöre zu dir. Wie gut, dass mich dein Gesetz vor falschen Wegen warnt! Wer sich an deine Gebote hält, wird reich belohnt.“

Gott steht zu seinem Wort – ohne Ausnahme.
So lebt sich's gut!

8 Wer wagt, gewinnt

Gepackt! Endlich konnte ich das Thema „Loslassen" abhaken. Inzwischen war ich bereit, alles zurückzulassen. Um „Gottes willen": meine Eltern, meine Schwester und Freunde, meine Aufgaben und nicht zuletzt Haus und Hof. Können Sie sich vorstellen, wie platt ich war, ja so richtig verblüfft, als ich eines Morgens in der Bibel folgendes Versprechen Gottes las:

„Das sollt ihr wissen: Jeder, der sein Haus, seine Geschwister, seine Eltern, seine Kinder oder seinen Besitz aufgibt, um mir zu folgen und das Evangelium weiterzusagen, der wird schon hier alles hundertfach zurückerhalten: ein Zuhause, Brüder und Schwestern, Eltern, Kinder und alles, was er zum Leben braucht. All dies wird ihm – wenn auch mitten unter Verfolgungen – hier auf dieser Erde gehören und außerdem in der zukünftigen Welt das ewige Leben." **Markus 10,29-30**

Dieses Versprechen Gottes hatte ich noch nie in meinem Leben zuvor bewusst gelesen. Es geht hier um ein Mann namens Petrus, der zu Jesus kommt und aufgeregt fragt: *„Aber wie ist es nun mit uns? Wir haben doch alles aufgegeben und sind mit dir gegangen!"* (V. 28) Und Jesus gibt ihm diese unglaubliche Antwort, eine erstaunliche Verheißung, von der wir Menschen nur träumen können.

Ich war sprachlos. Ich wollte meinen Augen kaum trauen. Ich wollte es schon für möglich halten, aber es klang einfach zu schön, um wahr zu sein. Ich las die Verse immer wieder und immer wieder. „Wo ist der Haken?“, dachte ich. „Habe ich etwas falsch verstanden? Gilt diese Verheißung nur für Petrus oder wirklich für jeden, der um Gottes willen Menschen und Besitz zurücklässt? Gilt dieses Versprechen auch uns noch heute?“

Die ganze Situation traf doch genau auf uns zu. Wir hatten bereits alles losgelassen und würden alles zurücklassen, um Jesus nachzufolgen. Dafür wollte Gott uns tatsächlich belohnen? Und ausgerechnet hundertfach neu sollten wir das Zurückgelassene wieder bekommen! Kaum zu glauben. Das übertraf meine kühnsten Vorstellungen und Erwartungen an Gott. Wieso ist Gott so großzügig? Ist er das tatsächlich auch in unserem Fall?

Und schon wieder prägten meine Erfahrungen mit Gott mein Denken. Gott steht zu seinem Wort. Er ist und bleibt treu. Das kann und soll ich glauben. Ich soll auch mit seiner Güte und Gnade rechnen. Darüber freut er sich sogar, wie es in *Psalm 147,11 heißt:*

„Er freut sich über alle, die ihm in Ehrfurcht begegnen und von seiner Gnade alles erwarten.“

Wir hatten wohl in diesem Fall jede Bedingung unsererseits erfüllt; deswegen war ich zweifelsfrei davon überzeugt, dass diese Verheißung auch uns galt. Unbeirrt und entschlossen sprang ich vom Stuhl, nahm das Telefon in die Hand, rief meinen Mann im Büro an und sagte mit einem kindlichen Glauben, total überzeugt: „Gott wird uns alles wiedergeben, auch ein Haus, und das sogar hundertfach neu.“

Ich war mir dessen so sicher, dass ich es in mein Tagebuch geschrieben und von Monat zu Monat und von Jahr zu Jahr in meine neuen Tagebücher übertragen habe. Innerlich hielt ich immer wieder Ausschau nach Anzeichen eines eigenen Hauses, ohne es selbst anzugehen. Ich glaubte und wartete wirklich auf die Erfüllung von Gottes Versprechen. Ich rechnete ganz fest damit. Schließlich hatte er selbst mich zu diesen kühnen Vorstellungen und Erwartungen ermutigt.

Wann und wie Gott seine Versprechen realisiert, das sagt er uns nicht. Das hat er uns auch in dieser Verheißung nicht beschrieben. Nur, dass er es tun wird – das hat er uns in seinem Wort versprochen. Und versprochen ist versprochen bei Gott.

Nach dreizehn Jahren in Deutschland haben wir nun wieder eigenes Hab und Gut bekommen. Hundertfach neu! Und was unsere Familie betrifft – die wächst auch!

Psalm 138,1-3.8 (GN): *„Ich danke dir von ganzem Herzen; ich preise dich mit meinem Lied, dich und nicht die anderen Götter! Ich werfe mich nieder vor deinem Heiligtum, um dir zu danken, Herr, für deine Güte und deine Treue. Du hast dein Versprechen erfüllt, ja, du hast noch viel mehr getan, als wir von dir erwartet hatten! Du hast mich erhört, als ich zu dir schrie; du ermutigst mich zu den kühnsten Wünschen."*

> „Glaube ist ein Schritt zwischen einer Verheißung Gottes und der Gewissheit, dass er zu seinem Wort steht!"
>
> *unbekannt*

Wer wagt, gewinnt. So lebt sich's gut!

9 Mit kindlichem Glauben

In Deutschland angekommen, wurde unser Sohn Steffen direkt nach zwei Wochen ins kalte Wasser geworfen: Er wurde eingeschult. Obwohl wir uns von Anfang an viel Mühe gegeben hatten, ihm Deutsch beizubringen, hatte unser Einsatz im Wettlauf gegen den englischen Einfluss im Kindergarten, in der Nachbarschaft und allgemein im öffentlichen Leben nach sechs Jahren offenbar keine große Chance. Dementsprechend schwer war sein Schulanfang in Deutschland. So schwer, dass die Lehrerin mich mehrmals auf sein mangelndes Sprachverständnis und seine zurückhaltende Mitarbeit hingewiesen hatte. Sie hatte nach den ersten Monaten den Eindruck, Steffen kämpfe einen hoffnungslosen Kampf und leide dabei still und leise vor sich hin, ohne mit jemandem darüber zu reden. Folglich machte sie mir den vernünftigen Vorschlag, dass ich doch Steffen überzeugen sollte, zunächst ein Vorschuljahr zu machen, um die Sprache erst einmal besser kennen zu lernen, vor allem – was ihr ganz wichtig war –, damit er nicht mehr so leiden musste.

In den nächsten Tagen startete ich dann schweren Herzens einen entsprechenden Versuch. Es war abends und ich setzte mich an sein Bettchen. Ich wollte ihn irgendwie ganz vorsichtig und behutsam zu der Einsicht bringen, dass er, wenn alles wie bisher weiterliefe, laut Lehrerin das Schuljahr nicht bestehen würde. Das war eine harte, enttäuschende, traurige Nachricht, die dieses Kind auch noch zu einer enttäuschenden, traurigen Einsicht bringen sollte.

Mein Herz war so schwer. Es tat mir alles so Leid für ihn, obwohl er bislang selbst nie gestöhnt hatte, nie geklagt hatte, nie das Geringste gesagt hatte, dass er sich überfordert fühlte oder dass er leiden würde. Wir kamen schnell ins Gespräch und er hatte seine Situation auch ganz schnell und realistisch eingeschätzt, genauso wie die Lehrerin es mir vermittelt hatte – nur eins war anders. Seine Lösung war eine andere als die der Lehrerin. Er sagte: „Mama, du hast uns doch gesagt, dass Gott uns nach Deutschland geführt hat. Wenn das so ist, dann werde ich dieses Schuljahr auch schaffen! Ich muss nicht erst ein Vorschuljahr machen."

Ich traute meinen Ohren nicht. Hier war ein sechsjähriges Kind, realistisch, gefasst, besonnen, hoffnungsvoll – und hatte noch dazu einen unheimlich starken Glauben an Gott. Ich konnte meine Tränen kaum zurückhalten. Ich konnte nur noch sagen: „Steffen, wenn das deine Entscheidung ist, dann stehen wir alle hinter dir. Und jetzt werde ich mit dir beten, dass Gott dir hilft und dich segnet!" Als wir fertig waren, ich mich mit einem Kuss verabschiedet hatte und zur Tür hinausging, rief er mir hinterher: „Mama, wenn du jetzt ins Wohnzimmer gehst, mach dir keine Sorgen um mich. Ich werde es schaffen. Du wirst sehen!" Jetzt brachen meine Tränen heraus … und liefen wie die Niagara-Fälle in Kanada. Ich konnte es nicht fassen. Hier lag mein sechsjähriger Junge, der nicht nur sich und seine Situation trug, sondern seine Mutter und alle anderen mit. Sein Vertrauen zu Gott war so stark, warum sollte ich noch daran zweifeln, dass er das Schuljahr schaffen würde? Nun wusste ich auch, dass, wenn Gott meinen Mann nach Deutschland beruft, diese Berufung auch mir als seiner Frau gilt und auch unseren Kindern. Auch sie werden von Gott getragen und gesegnet. Gott hat uns alle im Blick. Wir liegen ihm alle am Herzen. Davon war ich überzeugt.

Nun, Steffen hat das Schuljahr geschafft, die Schule überhaupt. Und nicht nur das, er arbeitet zurzeit an seinem zweiten Universitätsabschluss.

Wenn ich das bloß seiner Grundschullehrerin erzählen könnte!

Psalm 8,5: *„Wie klein ist da der Mensch! Und doch beachtest du ihn! Winzig ist er, und doch kümmerst du dich um ihn!"*

Sprüche 14,26: *„Wer Gott ehrt, lebt sicher und geborgen; sogar seine Kinder leben noch in dieser Geborgenheit."*

Sprüche 22,6: *„Erziehe dein Kind schon in jungen Jahren – es wird die Erziehung nicht vergessen, auch wenn es älter wird."*

Psalm 103,17-18: *„Die Güte des Herrn aber bleibt für immer und ewig; sie gilt allen, die ihm gehorchen. Auf seine Zusagen können sich auch alle kommenden Generationen berufen, wenn sie sich an seinen Bund halten und seine Gebote befolgen."*

Mit kindlichem Glauben. So lebt sich's gut!

10 Abgeben lernen überrascht

Der Alltag in Deutschland war inzwischen ganz normal und recht übersichtlich geworden. Alle Anträge waren gestellt und der letzte Pflichtgang zu den Behörden lag auch schon lange hinter uns. Alles um uns herum war angenehm ruhig geworden. Wir waren richtig friedlich und vergnügt. Inzwischen summte und sang ich beim Bügeln und Kochen schon das eine oder andere neue deutsche Lied! Es gab keinen Lärm, keine Hektik, keine Krise, keine Fristen. Das Einleben in Deutschland mit allem Drum und Dran hatten wir geschafft, bis plötzlich ein unerwarteter und ernüchternder Anruf kam. Wilfried war am anderen Ende. Er war gerade von der Polizei bei einer Kontrolle gestoppt worden, und dabei war überraschend aufgefallen, dass er (und damit zweifellos auch ich) keinen legalen Führerschein besaß. Was war passiert?

Wir hatten offenbar vergessen, rechtzeitig für unsere deutschen Führerscheine zu sorgen. Das war leider eine bürokratische Sache, die wir versäumt hatten. Bis dieser Polizist Wilfried darauf aufmerksam gemacht hatte, hatten wir es schlicht und einfach verschlafen, dass man in Deutschland maximal ein Jahr lang mit einem ausländischen Führerschein fahren darf – länger nicht. Und wir waren nun schon einiges mehr als ein Jahr hier. Und jetzt?

Jetzt mussten wir beide sofort unsere Führerscheine abgeben und neue beantragen. Uns wurde gesagt, es könnte bis zu sechs Wochen dauern, bis wir wieder einen Führerschein in der Hand hätten. Auch ich – und das als junge Mutter und Hausfrau, die auf ihr eigenes Auto für manch eine Strecke und Aufgabe angewiesen war. Ich summte vorerst kein deutsches Lied mehr beim Bügeln!

Ich dachte nur, welche Knöpfe könnte ich jetzt drücken? Welche Register könnte ich nun ziehen?

Ich erkannte: gar keine. Ich hatte meinen Alltag doch nicht im Griff.

Als Folge entschloss ich mich, meinen kleinen Renault 5 in die Garage zu stellen – außer Sichtweite –, so als wäre er gestorben. Und damit diese Zeit des Wartens nicht ganz so frustrierend und sinnlos wäre, hatten wir uns vorgenommen, sie zu nutzen, um mal zu beobachten und festzustellen, ob wir nicht doch als Familie mit nur einem Auto auskommen könnten, obwohl Wilfried sehr viel im Reisedienst war. Ohne Zweitwagen würde es uns auch finanziell besser gehen.

Noch in derselben Woche kam ein interessanter Anruf. Diesmal von einem Freund, der auf einem Bauernhof Lebenshilfe für suchtkranke Menschen anbot. Er war in Not: Ihr einziges Auto war völlig kaputt. Sie wussten nicht mehr, wie sie Lebensmittel besorgen oder wie sie mit ihren Gästen zu Ärzten und Ämtern kommen sollten. Sie waren wie gestrandet im tiefen Westerwald. Er fragte mich, ob Wilfried oder ich irgendjemanden kennen würden, der ihnen ein Auto geben könnte. Er machte sogar den Vorschlag, ich könnte Wilfried im Büro anrufen … wir hätten doch so viele Mitarbeiter und Kontakte; vielleicht wäre ja irgendjemand dabei, der ihnen ein Auto zur Verfügung stellen könnte. Sofort kam mir der Gedanke: „Ich hab' doch ein Auto, das ich ihm geben könnte."

Ich muss gestehen: Diesen Gedanke habe ich genauso schnell verdrängt, wie er gekommen war. Mein Auto wegzugeben – das wollte und konnte ich nicht. So viel Geld hatten wir schließlich auch nicht, dass wir Autos verschenken konnten. „Das kann doch Gott auch gar nicht von mir verlangen", dachte ich noch.

Also sagte ich ihm nur: „Ja, ich werde Wilfried anrufen und ihm dein Anliegen mitteilen und wir melden uns wieder!" Danach habe ich mit Wilfried telefoniert und ihm alles erzählt, nur nicht das, was mir durch den Kopf gegangen war. Ich konnte es mir einfach nicht vorstellen, mein kleines Auto wegzugeben. Was sollte mit uns danach passieren, falls wir mit *einem* Auto doch nicht klarkamen?

Mit diesem logischen, nachvollziehbaren Gedanken hatte ich zumindest mein Gewissen beruhigt.

Im Laufe des Morgens setzte ich mich noch hin, um mit Gott zu reden, wie immer mit meiner gewohnten Bibel und meinem Andachtsbuch. Unbedarft schlug ich die Andacht des Tages auf und las:

„Bedürftigen helfen, heißt, Gott etwas leihen, er wird es voll zurückerstatten." **Sprüche 19,17**

Hat Ihnen irgendwann schon einmal irgendjemand gesagt oder vehement behauptet, dass Gott zu uns Menschen redet? Haben Sie das geglaubt? Oder haben Sie misstrauisch gefragt, „Wie das denn bloß?" Haben Sie sich vielleicht gemutmaßt, ob Gott wohl eine Bassstimme oder eher eine Tenorstimme hat?

Dieser Text an diesem Morgen war für mich ein weiterer eindeutiger Beweis dafür, dass Gott mit uns Menschen redet. Er sieht alles – auch das, was in der Garage steht. Er hört alles – jedes Telefonat. Er kriegt absolut alles mit. Das Gute und naja … halt alles. Er kennt all unsere Gedanken – ehe wir sie aussprechen.

Und er lässt uns regelmäßig wissen, was er denkt. Vorausgesetzt, wir lassen ihn zu Wort kommen, sprich: vorausgesetzt, wir lesen auch regelmäßig sein Wort, die Bibel.

Ich wusste, Gott selbst wollte mir sagen, ich könnte ruhig diesen Menschen mein Auto schenken. Das war sein Wille. Ich dachte nur: „Au weh! Das ist ja eine große Entscheidung. Einfach so ein Auto an Freunde verschenken. Das ist ganz schön viel Geld. Wenn ich das so ohne weiteres tun soll, dann muss Gott mir das aber noch irgendwie bestätigen. Ein Auto zu verschenken, nur aufgrund dieses Verses – das verlangt ganz schön viel Vertrauen."

Und wie ich so bin, redete ich weiter mit Gott und bat ihn, mir doch bitte noch am selben Tag einen Menschen über den Weg zu schicken, der den gleichen Gedanken hatte. Fast unmöglich – aber ich wollte einfach wissen, ob Gott selbst wirklich hinter diesem Gedanken steht. Dann wollte ich sofort bereit sein, mein Auto zu verschenken.

Irgendwie dachte ich nie ans Verleihen, nur ans Verschenken.

Nachmittags musste Wilfried mich zum Englischunterricht fahren (er hatte seinen Führerschein inzwischen schon bekommen, ich noch nicht). Auf dem Weg dorthin erzählte er, dass er noch niemanden gefunden hatte, der unseren Freunden ein Auto geben könnte. Dann legte Wilfried seine Hand beruhigend auf mein Bein und sagte vorsichtig, „Ich habe da einen Gedanken. Der betrifft aber eine Sache, die dir gehört. Du musst darüber entscheiden. Ich hatte die Idee, du könntest doch unseren Freunden dein Auto schenken!" Ich war sprachlos. Also hatte Gott meine Bitte erhört, und das noch am selben Tag. Mein eigener Mann war der Mensch mit demselben Gedanken, den Gott mir noch als Bestätigung über den Weg geschickt hatte.

Noch an diesem Abend, direkt nach dem Unterricht, haben wir meinen kleinen R5 mit einem Lächeln im Gesicht dieser Lebenshilfe geschenkt.

Und wissen Sie was? Zwei Wochen später rief uns ein Geschäftsmann an und fragte, ob wir einen gebrauchten Opel Kombi, gerade mal zwei Jahre alt, gebrauchen könnten. Er wollte ihn uns schenken! Einfach schenken! Und wissen Sie noch was? Im darauf folgenden Jahr hat er wieder angerufen und die gleiche Frage gestellt. Und wissen Sie, was noch? Für ungefähr zehn Jahre hintereinander hat seine Firma uns und unseren Kollegen gebrauchte Autos geschenkt. In manchen Jahren sogar zwei.

Gott redet wirklich zu uns Menschen. Ganz persönlich in unsere Lebenssituation hinein – so, dass jeder, egal wer er ist, es verstehen kann. Und wie schon so oft erlebt, er steht ganz treu zu seinem Wort. Was ich Gott hier „geliehen" hatte, damit er einem Bedürftigen helfen konnte, hatte er mir mehr als voll zurückerstattet. Gott hatte uns viel mehr geschenkt, als wir verschenkt hatten. Hier noch einmal das, was ich an dem Morgen gelesen hatte, ehe ich mein Auto verschenkte:

***Sprüche 19,17 (GN)**: „Bedürftigen helfen, heißt, Gott etwas leihen, der wird es voll zurückerstatten."*

Das hat Gott getan. Nicht nur das, Gott hat auch bewiesen, dass er sogar unsere „angeblichen" oder „unbewussten" Fehler in ein gesamtes Muster mit einweben kann. Auch jede Einschränkung und jedes Hindernis kann Gott bewusst für seine Ziele nutzen. Gottes Strategien sind so erfinderisch, total überraschend, extrem effektiv und sehr mächtig.

Kein Wunder, dass auch andere Menschen, die Gott erfahren haben, wie Paulus so überzeugt sagen können:

„Von ganzem Herzen danke ich Gott dafür, dass er uns überall im Triumphzug Christi mitführt." **2. Korinther 2,14**

Abgeben lernen überrascht. So lebt sich's gut!

11 Bedingungslos vertrauen

Nun waren wir schon zehn Jahre in Deutschland und ich musste feststellen, dass Gott, den ich als einen sehr kreativen und erfinderischen Lebensgestalter kennen gelernt hatte, mich immer noch und immer wieder überraschte mit seinen neuen Ideen und Strategien, was meinen persönlichen Lebensentwurf oder sagen wir: „das Webmuster meines Lebens" betrifft. Dieses Muster war niemals fertig, es schien endlos „in Arbeit" zu sein. Gott wob immer weiter, manchmal ganz schnell, manchmal ganz langsam – aber immer weiter. Manchmal hat Gott unerwartet ganz neue, unbekannte Muster und fremde Farben hineingebracht. Auch Muster, die ich selbst nie ausgesucht hätte, aus dem einfachen Grund, weil sie meiner Meinung nach einfach nicht zum Rest meines Webmusters passten. Es war für mich, als hätte Gott sich von langer Hand, schon vor meiner Geburt, ein Design für mich ausgedacht und nach und nach das neue Material liebevoll neben das noch immer unfertige Webmuster gelegt und mich immer zuerst wie ein vertrauter Freund gefragt: „Darf ich dieses Material auch mit hineinweben? Lässt du auch diese neuen Farben zu? Machst du mit? Auch wenn es einige Veränderungen im bestehenden Muster mit sich bringt? Traust du mir ein gutes Ergebnis auch mit den nächsten Farben und Mustern zu – auch wenn du es dir selbst gar nicht im Gesamtmuster vorstellen kannst? Auch wenn es von dir jetzt ganz viel Mut und blindes Vertrauen verlangt?"

Solche neuen, bislang unbekannten Muster und mutigen

Farben hat Gott mir ganz überraschend und unerwartet im Frühjahr 1995 präsentiert, als meine Tante aus dem Saarland anrief und fragte, ob ich mir vorstellen könnte, bei einem Frauenfrühstück in ihrer Gemeinde über Lebens- und Glaubensfragen zu referieren.

Nein – das konnte ich nicht! Ich konnte es mir wirklich nicht vorstellen, mich in ein solches Muster hineinweben zu lassen. Wie denn? Referieren passte einfach nicht zu meinem bisherigen Webmuster. Aus meiner Sicht hatte ich nicht die geringsten Voraussetzungen dafür. Dementsprechend war meine Reaktion, ein klare Absage: „Das kann ich nicht. Ich habe nicht Theologie studiert und auch keine Bibelschule besucht. Außerdem kann ich nicht richtig Deutsch sprechen und habe noch nie bei einem Frauenfrühstück gesprochen." Und sie meinte daraufhin: „Aber ich kann es mir vorstellen. Denk doch mal darüber nach. Du musst mir nicht jetzt gleich eine Antwort geben." Das konnte ich auch nicht.

Ich sagte mir: „Sollte ich mich irgendwann doch auf dieses Referat einlassen, muss mir Gott selbst ganz klar zeigen, dass die Idee von ihm kommt, dass er dahinter steht, sonst bekomme ich garantiert irgendwann kalte Füße und die ganze Sache geht in die Hose." Ich bat sie um einige Wochen Bedenkzeit, und da für uns als Ehepaar sowieso einige andere wichtige Entscheidungen zu treffen waren, haben wir uns kurzfristig entschlossen, eine Woche Urlaub auf Korsika zu machen. Ganz alleine. Nur wir beide mit viel Zeit füreinander und für Gott. Wir haben viel auf dem Balkon in der Sonne gelesen, miteinander und mit Gott über alles geredet. Es war einfach gut für Körper, Geist und Seele.

Am Ende dieser Woche hatte ich ein ganz neues und sehr großes Bild von Gott. Ich dachte: „Wer bin ich eigentlich, Gott vorzuschreiben, wen er wann und wo für was auf dieser

Erde einsetzen und gebrauchen oder nicht gebrauchen kann? Wenn er mich für diese Aufgabe ausgesucht hat, dann hat er sich selbst jede Menge Arbeit aufgehalst. Ich brauch mich nur an ihn zu halten. Alleine werde ich es nicht schaffen – nicht so, wie ich bin. Aber solange ich in Kontakt mit Gott bleibe, kann ich es schaffen."

Als wir wieder zurück in Deutschland waren, sprach ich am nächsten Tag mit meiner Tante und sagte ganz gelassen und ohne Bedenken: „Ich werde es tun, und das sogar gerne!" Das „gerne" rutschte einfach wie von alleine, ganz selbstständig raus. Ich staunte plötzlich selbst über meinen Mut und mein Vertrauen zu Gott. Ich dachte aber auch: „Es ist ja nur ein einziger Vortrag, den Gott von dir verlangt, und so groß ist dieses Frauenfrühstück auch wieder nicht. Irgendwie kriegst du das wohl hinter dich – nur dieses eine Mal, und dann kannst du deinen Alltag wieder ohne diese Herausforderungen gestalten." Dachte ich.

Genau einen Tag später bekam ich einen Brief. Es war eine weitere Einladung, bei einem Frauenfrühstück zu referieren. Schon alleine, wie dieser Brief formuliert und geschrieben war, jagte mir Angst ein. Er klang ganz formell, höflich und, ja, fast ein bisschen distanziert. Die Veranstalter nannten die außerordentlich große Besucherzahl, über die sie sich sehr freuten, und auch die bisherigen Referentinnen – alle hatten sie offenbar Titel und Diplome und waren außerdem in ganz Deutschland bekannt.

Ich war erschrocken. Die Veranstalter schrieben am Endes ihres Briefes: „Unsere Frage an Sie ist nun, ob Sie sich vorstellen könnten, einmal als Referentin bei uns einen Vortrag zu halten. Wir bitten Sie, sich Gedanken darüber zu machen und uns dann wissen zu lassen, wenn ja, welcher Zeitpunkt und welches Thema für Sie möglich wäre."

Ich sollte mir Gedanken darüber machen und entscheiden, welches Thema für mich möglich wäre?! – Ich hatte doch noch gar kein Thema, kein einziges, geschweige denn eine Themenauswahl! Die Angst überfiel mich heftig. Nicht zuletzt durch den Gedanken, wie ich überhaupt im korrekten Deutsch schriftlich auf diese Anfrage reagieren sollte. „Die werden sich noch wundern, wen sie hier eingeladen haben", dachte ich. „Wieso haben sie mich überhaupt angefragt? Woher haben sie eigentlich meinen Namen? Ich habe doch noch nie irgendwo bei einem Frauenfrühstück referiert."

Mein Herz schlug bis zum Hals, dabei hatte ich doch gerade gestern noch so großes Vertrauen in Gott und sein neues Muster für mein Leben bewiesen. Noch keine 24 Stunden vorher hatte ich im Vertrauen auf Gott der anderen Einladung zugesagt. Hatte dieses Ja noch nicht gereicht? Hatte meine Bereitschaft nicht genug Vertrauen in Gott bewiesen? Wollte Gott noch mehr Vertrauen? Sollte ich jetzt lernen, was bedingungsloses Vertrauen „allein" in Gott wirklich heißt? Wenn gar nichts mehr überschaubar ist? Wenn kein Ende abzusehen ist? Irgendwie dachte ich: Kann Gott eigentlich Gedanken lesen? Kann er tatsächlich in den tiefsten Grund meines Herzens schauen? Wusste Gott, dass die gestrige Einladung mir inzwischen relativ überschaubar schien, weil ich dachte, es wäre mit einem einmaligen Vortrag in einer kleinen Gemeinde getan? Wollte er mir zeigen, was bedingungsloses und großes Vertrauen wirklich ist? Wollte Gott, dass ich ja sage, egal wer der Veranstalter war, egal, wie groß das Treffen war, egal wer vor und nach mir referierte? Will er mein Vertrauen gerade dann, wenn ich nichts in der Hand habe?

Gott wollte mir sagen, dass es Veränderungen geben kann, wenn ich ja zu ihm und seinen Mustern sage. Ich sollte wohl auf meine eigenen Schwächen und Unzulänglichkeiten keine falsche Rücksicht nehmen oder mich mit anderen vergleichen.

Ich habe dann im Laufe des Tages an meinem vertrauten Küchentisch ja gesagt, obwohl ich noch keinen Vortrag in der Hand hatte und noch gar nicht wusste, wie man überhaupt schreibt. Ich habe Gott an diesem Tag versprochen: Ich werde jede Einladung annehmen, egal, woher sie kommt. Egal, wie groß die Veranstaltung ist. Egal, wer vor oder nach mir referiert. Ich hatte mich entschlossen, ihm bedingungslos zu vertrauen und zu glauben, dass er genau weiß, was er tut und dass sein Muster gut durchdacht ist und ein Ziel hat.

Zwei Wochen später bekam ich telefonisch eine dritte Einladung. Auch diese kam wie aus heiterem Himmel. Ich war jetzt so verblüfft und neugierig, dass ich die Frau am Telefon direkt fragte, wie sie auf mich gekommen sei, und sie sagte: „Wir saßen doch vor einigen Jahren nebeneinander bei einer Veranstaltung in Gießen und haben uns begeistert über Gott und die Welt unterhalten. Und nun suche ich eine Referentin für unser Frauentreffen und dachte dabei an Sie." Merkwürdig! Zehn Jahre lebte ich schon in Deutschland – ohne solche Einladungen – und auf einmal kamen drei Einladungen innerhalb kürzester Zeit. Das kann kein Mensch in die Wege leiten, dachte ich. Ich habe alle drei Einladungen angenommen … und im folgenden Jahr kamen zwanzig Einladungen, im Jahr darauf sechzig, und seitdem nehme ich so viele an, wie es zeitlich möglich ist.

Durch dieses neue Muster, das durch Gott immer mehr Gestalt gewonnen hatte, habe ich noch mehr über Gott und über mich selbst gelernt:

1. Ich habe gelernt: Wenn Gott mir ganz neue Muster und Farben anbietet, dann passen sie auch wunderbar in mein ge-

samtes Design hinein und es entsteht dadurch etwas ganz Neues.

2. Ich habe gelernt, dass weder Handicaps, Nachteile, Beeinträchtigungen noch Versagen oder unsere Vergangenheit ein Grund sind, etwas nicht anzupacken oder etwas aufzugeben. Wenn ich mich wegen meiner Minderwertigkeitsgefühle, Schwächen oder Mängel unzulänglich fühle, dann kann und will Gott das mit Leichtigkeit überwinden und aus diesen „vermeintlichen" Hürden etwas Gutes machen – schon alleine dadurch, dass er mir Mut macht, ihm zu vertrauen.

Gott hat mir danach nicht sofort alle meine Schwächen weggenommen. Im Gegenteil. Die sind noch da. Ich habe immer noch keine offizielle Ausbildung, immer noch Probleme mit der deutschen Sprache – aber ich habe erlebt, dass Gott diese (vermeintlichen) Unzulänglichkeiten unbedeutend macht, indem er mir genau das gibt, was er für wichtig und richtig hält. Gott schiebt einfach meine Schwächen in den Hintergrund, indem er etwas ganz anderes in den Vordergrund stellt. So entsteht sein neues Muster, und zwar mein ganz persönliches.

3. Ich habe gelernt, dass zwischen wahrer Bescheidenheit und Minderwertigkeitsgefühlen ein großer Unterschied besteht: Zum Beispiel schauen Menschen mit Minderwertigkeitsgefühlen auf sich und ihre begrenzten Möglichkeiten und bekommen infolgedessen Angst und Zweifel. Sie suchen und finden genügend Ausreden und drücken sich schließlich vor neuen und unbekannten Mustern. Dadurch verpassen sie leider wunderbare Chancen in ihrem Leben.

Menschen mit wahrer Bescheidenheit erwarten dagegen nichts von sich selbst, sondern alles von Gott. Sie vergleichen sich auch nicht mit anderen. Sie haben ein großes Gottvertrauen. Sie sind ruhig und gefasst. Sie haben eine innerliche Zuversicht, dass Gott genau das tun wird, was er angekündigt hat. Sie wissen, dass Gott aus ganz wenig ganz viel machen kann. Sie wissen, er kann mangelhaftes Rohmaterial nehmen und etwas Wunderbares daraus entstehen lassen.

Psalm 139,13-18

„Du hast mich geschaffen – meinen Körper und meine Seele,
im Leib meiner Mutter hast du mich gebildet:
Herr, ich danke dir dafür,
dass du mich so wunderbar und einzigartig gemacht hast!
Großartig ist alles, was du geschaffen hast – das erkenne ich!
Schon als ich im Verborgenen Gestalt annahm,
unsichtbar noch, kunstvoll gebildet im Leib meiner Mutter,
da war ich dir dennoch nicht verborgen.
Als ich gerade erst entstand,
hast du mich schon gesehen.
Alle Tage meines Lebens hast du in dein Buch geschrieben –
noch bevor einer von ihnen begann.
Deine Gedanken sind zu schwer für mich, o Gott,
es sind so unfassbar viele!
Sie sind zahlreicher als der Sand am Meer;
wollte ich sie alle zählen,
so käme ich doch nie an ein Ende!“

Schon in der Bibel gibt es Menschen, die nicht gleich auf Anhieb etwas mit Gottes neuen Mustern und unbekannten Farben anfangen konnten. Zum Beispiel Jeremia.

Jeremia 1,4-9.12

Gott sagte zu Jeremia: „Ich habe dich schon gekannt, ehe ich dich im Mutterleib bildete, und ehe du geboren wurdest, habe ich dich erwählt. Du sollst ein Prophet sein, der den Völkern meine Botschaften verkündet."

Und Jeremia wehrte ab: „O nein, mein Herr und Gott! Ich habe keine Erfahrung im Reden, denn ich bin noch viel zu jung!"

Und Gott antwortete: „Sag nicht: Ich bin zu jung! Zu allen Menschen, zu denen ich dich sende, sollst du gehen und ihnen alles verkünden, was ich dir sagen werde. Fürchte dich nicht vor ihnen, ich bin bei dir und werde dich beschützen. Darauf gebe ich, der Herr, mein Wort." Er streckte mir seine Hand entgegen, berührte meinen Mund und sagte: „Ich lege dir meine Worte in den Mund."

Und dann fügte Gott noch tröstlich hinzu: „Genauso wird alles in Erfüllung gehen, was ich ankündige. Dafür sorge ich."

So hat es Gott schon immer getan. Er sucht sich die Leute aus, die sich selbst bestimmte Aufgaben nie selbst zutrauen, um durch sie etwas zu verändern.

Bedingungsloses Vertrauen. So lebt sich's gut!

12 Eine kleine Machtvorstellung

Wer eine neue Aufgabe annimmt, hat Arbeit. Wer sich einer neuen und unüberschaubaren Herausforderung stellt, auch. Und wer sich verpflichtet hat, einen Vortrag zum ersten Mal zu halten, ob er dafür geschult worden ist oder nicht, hat auch Arbeit. Jede Menge Arbeit. So ist es halt auf dieser Erde. Und so fing ich an, mich in jeder freien Minute auf meinen ersten Vortrag vorzubereiten. Ich hatte mir drei Monate Zeit gegeben und so lange hat es auch tatsächlich gedauert. Drei Monate! Aller Anfang ist bekanntlich schwer. So war es auch für mich. Heute weiß ich nicht mehr, was ich mehr getan habe: gelesen und geschrieben oder Gott in den Ohren gelegen.

Meine Bitten und Wünsche für mich als Referentin und für meinen Vortrag wurden immer länger, ausführlicher, detaillierter und spezieller. Ich hatte sogar Bücher über Didaktik und Rhetorik gelesen und alle nötigen Eigenschaften auf meine Gebetsliste gesetzt. Ich war der Meinung, ich bräuchte das als zukünftige Referentin. Da stand nicht nur viel, sondern fast alles, was man sich dafür vorstellen kann. Die Liste und meine Gebete wurden immer länger, so lang, dass ich irgendwann dachte: „Das kannst du Gott nicht ständig antun. Er weiß doch schließlich, was du brauchst. Du kannst deine ganze detaillierte Wunschliste einfach zusammenfassen zu einem Kernsatz und diese kurze Bitte ihm immer wieder sagen."

Das habe ich dann auch endlich getan. Meine ganzen

Wünsche bezüglich meiner Vortragsarbeit hatte ich auf eine einzige Bitte reduziert: „Herr, bitte schenk' es mir, dass meine Zuhörer meinen Vortrag nicht nur mit ihren Ohren hören, sondern auch mit ihren Augen sehen." Das war's. Mehr dazu stand in den folgenden Monaten nicht mehr auf meiner Gebetsliste. Ich wollte Gott damit sagen, dass ich mir so gerne wünschte, dass meine Vorträge bunt, lebendig und bildhaft sind, wie ein Kurzfilm, der sich tief in die Herzen der Zuhörer einprägt und den sie nie vergessen.

Nach dem zweiten Vortrag kam eine Frau auf mich zu, bedankte sich für den Vortrag und sagte: „Ihren Vortrag habe ich nicht nur mit meinen Ohren gehört, sondern mit meinen Augen gesehen!" Das war der Wahnsinn! Ich glaube, ich erstarrte auf der Stelle zur Salzsäule. Ich hatte so lange dafür gebetet, genau das erhofft – aber mein Schock zeigte, dass ich gar nicht wirklich damit gerechnet hatte. Wie dumm von mir! Ich hätte vor Freude heulen können. Es war plötzlich, als würde Gott wirklich ganz in meiner Nähe sein, ja neben mir stehen, nur eben unsichtbar. Gott hatte mein ganz konkretes, spezielles, detailliertes Gebet erhört. Er war wirklich real. Er wusste, ich hatte mich auf ihn und seine neuen Herausforderungen eingelassen, und er wusste, wie unsicher ich war. Durch diese Begebenheit hatte er mir einfach eine kleine Vorstellung seiner Macht gezeigt, um mir Mut zu machen und zu bestätigen, dass ich auf dem richtigen Weg war.

Gott ist einfach so gut und so gegenwärtig. Danach habe ich angefangen, noch spezieller für alles und alle zu beten. Es war ein Sprungbrett für den Weg, der vor mir lag.

Nicht nur ich brauchte eine kleine Vorstellung von Gottes Macht, um meine Sache zuversichtlicher und mutiger anzupacken; auch andere Menschen vor mir in der Geschichte brauchten das schon. Wie zum Beispiel Mose (*nachzulesen in 2. Mose 3 und 4*).

Mose wird von Gott als ein Führer ausgesucht, der das Volk Israel aus der Sklaverei in Ägypten führen soll. Aber Mose, geprägt durch seine Vergangenheit und früheres Versagen, hält sich selbst für unfähig, diese Aufgabe zu meistern. Er drückt und wehrt sich mit den Worten:

„Ich? Wer bin ich denn! Wie kann ich zum Pharao gehen und das Volk Israel aus Ägypten herausführen?“ **2. Mose 3,11 (GN)**

„Und was ist, wenn die Leute von Israel mir gar nicht glauben und nicht auf mich hören, sondern behaupten, der Herr ist dir nicht erschienen? (Hat mir diese Aufgabe gar nicht aufgetragen) „Was soll ich dann tun?“ **2. Mose 4,1 (GN)**

Und Gott, so geduldig und verständnisvoll, wie er ist, antwortet auf die Zweifel und Ausreden von Mose mit einer „kleinen Vorstellung seiner Macht“.

Gott fragt Mose: „Was hast du da in der Hand?“ „Einen Stab“, erwiderte Mose. „Wirf ihn auf den Boden!“, befahl der Herr. Mose gehorchte, und sofort verwandelte sich der Stab in eine Schlange. Voller Entsetzen lief Mose weg. Der Herr aber forderte ihn auf: „Pack die Schlange beim Schwanz!“ Mose griff nach ihr, und sie wurde in seiner Hand wieder zum Stab. Der Herr sagte: „Tu dies vor den Augen der Israeliten! Dann werden sie dir glauben, dass ich, der Herr, dir erschienen bin.“

Gott wollte zunächst Mose ermutigen mit einer kleinen „Vorstellung seiner Macht“.

Gott wollte ihm klar machen: Wenn er aus einem Stock

eine Schlange machen kann und umgekehrt, dann kann er auch ganz bestimmt dafür sorgen, dass Mose seinen Auftrag anpacken und durchführen kann. Schließlich ist Gott derjenige, der uns Menschen die Sprache gegeben hat; der uns stumm oder taub, sehend oder blind macht. Schließlich ist Gott selbst derjenige, der uns für unseren Auftrag befähigt.

Gott hat mir durch seine überraschende „Vorstellung seiner Macht" klar gemacht: Wenn er mir eine Frau über den Weg schicken kann, die mir bestätigt, dass er bei mir ist, ist er in Zukunft auch bei mir, damit ich meinen Auftrag ausführen kann.

Psalm 18,29-37 (GN)

„Du selbst, mein Gott,
machst mir das Dunkel hell.
Mit dir, mein Gott, erstürme ich Schutzwälle,
mir dir springe ich über Mauern.

Alles, was dieser Gott tut, ist vollkommen,
was der Herr sagt, ist unzweifelhaft wahr.
Wer in Gefahr ist und zu ihm flieht,
findet bei ihm immer sicheren Schutz.
Kein anderer als der Herr ist Gott!
Nur er, unser Gott, ist ein schützender Fels!
Er ist es, der mir Kraft zum Kämpfen gibt
und einen geraden, gut gebahnten Weg.
Er macht meine Füße gazellenflink
und standfest auf allen steilen Gipfeln.
Er bringt meinen Händen das Fechten bei
und lehrt meine Arme, den Bogen zu spannen.
Herr, du bist mein Schutz und meine Hilfe,

du hältst mich mit deiner mächtigen Hand,
dass du mir nahe bist, macht mich stark.
Du hast den Weg vor mir frei gemacht,
nun kann ich ohne Straucheln vorwärts gehen."

Mit einer „kleinen Machtvorstellung". So lebt sich's gut!

13 Unkompliziert

Nachdem ich meinen ersten Vortrag hinter mir hatte, bekam ich den Anruf von einer Frau, die Vorsitzende eines christlichen Frauenvereins in Deutschland ist, mit der Bitte, ob ich nicht bei einem regionalen Studientag Mut machende Vorträge für leitende Frauen in der Frauenarbeit halten könnte. Nun kam die große Testfrage: Hatte ich etwas durch meine letzte Lektion gelernt? Hatte Gottes „kleine Vorstellung seiner Macht" bei mir Langzeitwirkung gezeigt? Offenbar leider nicht. Ich schaute wieder einmal nur auf meine persönlichen Mängel und Unzulänglichkeiten und fand auch gleich Ausreden und Wege, um mich zu drücken. Ich versuchte, ihr zu erklären, dass ich keine entsprechende Ausbildung habe und mit meinen damals 39 Jahren wahrscheinlich die jüngste und unerfahrenste Frau unter allen Teilnehmern sein würde. Was sollte ich bloß anderen Frauen Mut Machendes sagen, die alle viel erfahrener, reifer und weiser waren als ich, fragte ich. Was sollte ich ihnen weitergeben, ohne selbst zuvor in der Frauenarbeit tätig gewesen zu sein?

Sie ließ sich nicht auf meine Einwände ein und versicherte mir, dass es gar nicht auf eine bestimmte Ausbildung ankommen würde. Außerdem hätten die meisten Frauen, die an diesem Studientag teilnahmen, auch keine solche Ausbildung und sie würden sich einfach freuen, wenn ich käme. Also habe ich mich überzeugen lassen und fing sofort an, mit Gott darüber zu reden, obwohl der Termin erst in einem Jahr war! Ich bat Gott, mir zu helfen, das richtige Thema zu finden, denn ich selber kannte keine dieser Frauen, die an diesem Studientag teilnehmen würden. Ich hatte auch keine Ahnung, was für sie dran war, was sie brauchten und was Gott ihnen sagen wollte. Und weil ich aus der Bibel gelernt hatte: „*Gott hat die Menschen einfach und aufrichtig geschaffen, aber manche wollen alles kompliziert haben*" (Prediger 7,29; GN), versuchte ich, so gut ich konnte, alles in einer gewissen Unkompliziertheit anzupacken. Auch diese Sache bin ich bewusst unkompliziert angegangen. Ich habe Gott einfach im Gebet gesagt, ich wüsste nicht, welches Buch ich von welchem Regal rausziehen sollte als Anregung und Inspiration, aber er könnte mich doch durch meine Andachten zum richtigen Thema führen. Das wäre doch ein Klacks für ihn. Und ich sagte ihm noch, zurzeit läse ich im Korintherbrief, wenn er mir etwas zu sagen habe, könnte er es durch diese Texte tun, denn ich wüsste wirklich nicht von mir selbst aus, wie und wo ich auf das richtige Thema kommen sollte. Nachdem ich zwei Wochen lang im Korintherbrief weitergelesen und regelmäßig nach einem passenden Thema Ausschau gehalten hatte, kam ich zu 2. Korinther 2,14b-16, wo es heißt:

„*Wohin wir auch kommen, verbreitet sich die Erkenntnis Gottes wie ein angenehmer Duft, dem sich niemand entziehen kann. Ob die Menschen nun das Evangelium annehmen und gerettet werden, ob sie es ablehnen und verloren gehen: Unser Leben als Christen ist ein Wohlgeruch für Gott. Für die einen ist er ein Verwesungsgeruch, der ihren Tod bestätigt; aber den anderen ist er ein angenehmer Duft, der ihr neues Leben anzeigt. Wer aber ist für diese große Aufgabe geeignet?*"

Diesen Text konnte ich mir persönlich sehr gut für Frauen vorstellen. Gerade für Frauen. Er hat mit Düften zu tun, mit einer ganz bestimmten Duftnote. Das wäre doch ein sehr passendes Thema für Frauen. Wir Frauen könnten uns mal überlegen, welchen Duft wir persönlich verbreiten und hinterlassen. Am Sonntag. Im Alltag. Kann man unseren Duft überhaupt noch wahrnehmen, oder ist er schon längst verflogen? Ist unser Duft zuverlässig, wenn's drauf ankommt? Tragen wir ihn nur für bestimmte Leute an bestimmten Tagen auf? Tragen wir vielleicht einen strengen, alten Duft mit Verfallsdatum, der eher negativ als positiv auffällt? Brauchen wir dringend einen neuen frischen Duft? Hinterlässt unser Duft einen entscheidenden Eindruck wie bei Jesus? Wie bei Paulus, der diesen Text schreibt?

Ich konnte mir diesen Text persönlich richtig gut für Frauen vorstellen. Aber war es auch das Thema, das Gott im Sinn hatte? Das wusste ich nicht, also betete ich weiter und bat Gott um eine Bestätigung. Und tatsächlich, genau zwei Wochen später bekam ich ein Paket aus Kanada von meinen Eltern mit vielen gebrauchten Büchern, die sie mal wieder bei einem „Second-Hand Book Sale" erworben hatten. Eines der Bücher hieß „Authentisches Christsein" und auf der Rückseite stand die Beschreibung des Inhaltes dieses Buches: Es war eine gründliche Studie von 2. Korinther. Inklusive Kapitel 2, die Verse 14 bis 16. Volltreffer! Das war für mich meine Bestätigung. Nun konnte ich getrost und zuversichtlich mit meiner Arbeit loslegen, bewusst mit Gott als Rückenwind. Der Vortrag war geboren und ich freute mich riesig auf den Studientag, denn Gott war schon mittendrin.

Oswald Chambers hat mal gesagt: „Rede mit Gott über alles, was dir auf dem Herzen liegt, dann sage Amen und geh in Ruhe deinen Alltag und deinen Alltagsbeschäftigungen nach. Es ist in deinen Alltagsbeschäftigungen, dass Gott dich weiterführen und zum Ziel bringen wird."

So umkompliziert ist Gott. So umkompliziert können wir selbst sein. So unkompliziert können wir über alles mit Gott reden und so unkompliziert sollen wir dann anschließend unseren Alltag anpacken und wissen, dass Gott uns und alles andere im Auge behält.

Psalm 32,8: *„Ich will dich lehren und dir sagen, wie du leben sollst; ich berate dich, nie verliere ich dich aus den Augen."*

Aus Psalm 73 (GN):
„Du hast meine Hand ergriffen und hältst mich;
du leitest mich nach deinem Plan …
Wer im Himmel könnte mir helfen, wenn nicht du?
Was soll ich mir noch wünschen auf der Erde?
Ich habe doch dich!

Ich aber setze mein Vertrauen auf dich, meinen Herrn;
dir nahe zu sein, ist mein ganzes Glück.
Ich will weitersagen, was du getan hast."

Unkompliziert. So lebt sich's gut!

14 *Ein himmlisches Gutscheinbuch*

Diesen Sommer habe ich die „Schlemmerreise mit dem Gutscheinbuch“ kennen gelernt und auch schon zweimal verschenkt. Eine super Sache. Es ist ein Restaurantführer inklusive 29 Gutscheinen, mit denen eine von zwei Personen in ausgewählten und nahe liegenden Restaurants gratis schlemmen kann. Wenn wir mindestens zu zweit in diesen bestimmten Restaurants essen gehen, legen wir dieses Gutscheinbuch vor und der Gastgeber spendiert uns dann das zweite Hauptgericht. Die jeweiligen Restaurants laden dadurch ein, bestimmte Städte und Landkreise neu oder besser kennen zu lernen. „Schlemmen, Spaß haben und dabei sparen“, das ist das Motto der Schlemmerreise mit dem Gutscheinbuch.

„So ist mein Leben mit Gott“, dachte ich. Es wird immer wieder genährt und versüßt durch eine Schlemmerreise mit dem Gutscheinbuch „Bibel“. Eine super Sache. Ein super Buch, das man sich entweder selbst kauft oder geschenkt bekommt. Und dieser Führer enthält nicht nur 29 Gutscheine, sondern an die 7000 Gutscheine, mit denen ich in ausgewählten Situationen mit Gott „gratis schlemmen“ kann.

Wenn ich zusammen mit Gott durch die verschiedensten Situationen meines Lebens gehe, in die er mich kommen lässt, lege ich sozusagen den entsprechenden Gutschein aus seinem Gutscheinbuch vor und er, als mein Gastgeber, spendiert mir dann, was ich in der jeweiligen auserwählten

Situation brauche – vorausgesetzt, ich habe meinen Teil getan. Was hier nicht bedeutet, das erste Hauptmenü zu bezahlen, sondern Vertrauen ihm gegenüber zu haben.

Gott lädt mich ein, ihn und sein Wesen neu oder noch besser kennen zu lernen. Schlemmen an Gottes nahe liegender und immer erreichbaren Liebe, Zuneigung, Hilfe, Vergebung, Weisheit, und noch an so vielen anderen Dingen, dabei Freude haben und auch noch sparen (nämlich eigene Kraft, Zeit, Geld und Nerven) – das könnte das Motto sein der Schlemmerreise mit Gottes Gutscheinbuch.

Ein Buch mit unzähligen Zusagen für jede erdenkbare Lebenssituation, zu denen Gott fest steht und entsprechend handelt. Das ist für mich die Bibel. Keine Umstände, keine Last, keine Probleme sind ausgeschlossen, ob klein oder groß, ob körperlich, emotional oder geistlich. Hinsichtlich der Gutscheine Gottes – sprich der Zusagen – ist kein Mensch, keine Schwierigkeit ausgenommen. Und wir, seine Schlemmergäste, können fest damit rechnen, dass Gott unsere Gutscheine zu gegebener Zeit und unter seinen Bedingungen ganz sicher einlösen wird. Das ist das Schöne. Gerade, wenn man bedenkt, wie viele Menschen uns so viel versprechen und es dann doch nicht halten. Ihre Versprechen sind oft nur für eine kurze Zeit gültig. Sie sind oft schnell hinfällig oder verlieren jegliche Bedeutung. Aber Gott und seine „Gutscheine“ sind unwandelbar. Sie enttäuschen nie. Sie bleiben für immer gültig!

Doch um Gottes Versprechen zu erkennen und in Anspruch zu nehmen, muss ich sein Gutscheinbuch kennen. Ich muss wissen, was mir alles in bestimmten Situationen zusteht. Nur so kann ich die passenden Gutscheine in bestimmten Situationen Gott vorlegen – ja sogar vorhalten, im wahrsten Sinne des Wortes. Ich kann Gott quasi an seine Gutscheine erinnern. Ja, und umso mehr Gutscheine Gottes ich kenne, umso mehr kann ich für mich persönlich in Anspruch nehmen.

Ich sammle gerne solche Gutscheine. Einmal, es war kurz nach Neujahr, war bei uns zu Hause alles ganz ruhig und gemütlich geworden – ja fast zum Stillstand gekommen. Die ganzen Feste und Feiertage um Weihnachten und Neujahr lagen hinter uns. Das alte Jahr war abgeschlossen und das neue Jahr konnte beginnen. Nun hatte ich Zeit und Muße, all meine zukünftigen Termine in meinem neuen Terminkalender, den ich zu Weihnachten geschenkt bekommen hatte, einzutragen. Dabei wurde es mir auf einmal ganz eigenartig zumute. Es waren so viele Termine. Es waren auch einige dabei, die mir etliche Schuhnummern zu groß schienen. Ich bekam mal wieder Angst. Angst vor dem Morgen. Ich sah nur noch Berge. Unüberwindbare Berge. Was ist, wenn ich das alles nicht schaffe? Was ist, wenn mir nichts mehr für Vorträge einfällt? Wird Gott auch im nächsten Jahr bei mir sein? Mir immer das geben, was ich in der jeweiligen Situation brauche? Wird er mich auch in Zukunft auf „grüne Auen" bringen, zum frischen Wasser führen, meine Seele erquicken, mich auf rechter Straße führen, wie es im Psalm 23 steht?

Ich hatte auf einmal einen dicken Frosch im Hals. Ich fühlte mich durch die Termine des neuen Jahres auf einmal total überfordert und klagte Wilfried mein Leid. Er reagierte wie immer – verständnisvoll, optimistisch und ermutigend. Er sagte: „Gott war doch immer bei dir. Er hat dir immer geholfen und alles gegeben, was du brauchst. Warum sollte er nicht auch im kommenden Jahr für dich da sein und dir helfen? Das wird er ganz gewiss tun. Vertrau ihm."

Alles, was Wilfried gesagt hatte, war hundertprozentig

richtig und gut. Alles entsprach auch den Tatsachen über Gott. Aber ein Ehepartner, so lieb er auch ist, und so richtig auch alles ist, was er sagt – er ist nicht Gott. Ich dachte, nur wenn Gott mir das sagen würde, dann würde ich das glauben. Dann wäre ich wirklich getröstet. Die Angst hatte mich einfach zu sehr im Griff. Es schien, als ob nur noch Gott mich im Blick auf die Zukunft ruhig machen konnte.

Ich zog mich dann an meinem Schreibtisch zurück und fing an, meine Post zu öffnen. Dabei las ich den Rundbrief eines Freundes, der bei mir wie eine Bombe einschlug! Es war in diesem Moment der absolut passende und köstlichste Schlemmergutschein, den ich mir überhaupt vorstellen konnte. So einen ausgewählten Gutschein hätte ich mir in meinen kühnsten Träumen nicht vorstellen können. Er kam aus der Bibel und hätte wirklich nicht treffender sein können für meine persönliche Lebenssituation. Ich las Vers für Vers aus 5. Mose 11, 10-15 (GN) mehrmals hintereinander, ganz genüsslich wie ein Feinschmecker, der endlich auf seine Kosten kommt:

„Hier (jetzt) müsst ihr euch nicht mehr plagen wie in Ägypten (in der Vergangenheit), woher ihr gekommen seid."

Ich dachte prompt, ich käme zwar nicht aus Ägypten, aber gerade aus dem letzten, abgeschlossenen Jahr. Ein vergangenes Jahr, in dem ich wirklich viel zu tun hatte. Und hier stand es, dass ich mich „hier", also im Ist-Zustand, in diesem neuen Jahr, nicht mehr plagen musste wie bisher. Das war wie wunderschöne Musik in meinen Ohren. Ich fühlte mich sofort von Gott verstanden und war äußerst neugierig, wie es nun weiterging. Wenn ein Problem geschildert wird, muss es ja auch schließlich eine Lösung geben. Ich las weiter voller Spannung:

„Wenn ihr dort (in der Vergangenheit) euer Getreide (Arbeit) ausgesät hattet, musstet ihr die Äcker (Vorträge) mühsam bewässern (erarbeiten), wie man es sonst nur bei Gemüsegärten macht."

Ich dachte, Gott weiß wirklich, wie ich mich fühle. Und er weiß auch genau, warum. Er hat den vollen Durchblick. Ich wurde bei jedem Vers immer neugieriger und las ganz langsam weiter, als wollte ich jeden Happen so lange wie möglich im Mund genießen.

„In dem Land (Jahr), in das ihr jetzt kommt, gibt es Berge und Täler ..."

O Schreck! Genau das hatte ich ja befürchtet. Genau mit diesen Worten hatte ich Wilfried mein Leid geklagt, dass ich nur noch „Berge" vor mir sehe! „Unüberwindbare Berge!" Diese Worte schienen mir wie Fischgräten im Hals zu stecken. Am liebsten hätte ich sie ausgespuckt. Was soll denn noch alles kommen? Wann kommt denn endlich Gottes Lösung für mein Problem, das er selbst so gut zu kennen scheint, dachte ich. Ich schluckte diesen Happen von meinem Wirt doch runter und las weiter:

„... und es wird vom Regen bewässert. Der HERR, euer Gott, kümmert sich selbst um das Gedeihen und blickt das ganze Jahr über, vom Anfang bis zum Ende, freundlich auf das Land (das Jahr und deine Arbeit). Wenn ihr wirklich die Weisungen des HERRN, die ich euch heute verkünde, befolgt und ihn, euren Gott, mit ganzem Herzen und mit allen Kräften liebt und ehrt, wird er euren Feldern (Arbeit und Vorträgen) zur rechten Zeit Regen schicken, im Herbst und im Frühjahr. Ihr werdet Korn, Wein und Öl ernten können, und euer Vieh wird Gras zum Weiden finden. Ihr werdet immer genug zu essen haben."

Unfassbar! Auf meinem Gutschein steht: „Kostenlose, selbstständige Bewässerungsanlage mit einer Jahresgarantie." Mein Wirt bietet mir kostenlos eine Bewässerungsanlage an. Er will sie sogar selbst betreiben und sich selbst um das Gedeihen meiner Arbeit kümmern. Und das sogar das ganze Jahr über. Er will von Anfang bis zum Ende des Jahres freundlich auf mich und meine Arbeit blicken. Er will mir immer rechtzeitig alles geben, damit ich genug habe und ernten kann. Ich hatte einen Traum-Gutschein in der Hand – höchstpersönlich von Gott. Nun war ich ruhig. Hätte ich doch gleich auf meinen Mann gehört!

So nahe liegend und erreichbar sind Gottes Gutscheine von Verständnis, Trost, Ermutigung, Hoffnung und Hilfe. Diesen Gutschein habe ich mir in mein Herz geschrieben. Er war in meinem inneren Computer für immer gespeichert. Im Moment hatte ich noch keinen Bedarf, ihn einzulösen. Noch war der Alltag mit dem Alltagsstress nicht gekommen. Und in den nächsten Wochen und Monaten lief auch alles ziemlich gut, bis zum Frühjahr. Eins kam zum anderen und ich sah auf einmal wieder nur noch Berge vor mir. Sofort dachte ich an meinen Gutschein mit der „Bewässerungsanlage" und legte ihn Gott vor. Ich habe ihn an das erinnert, was er mir am Anfang des Jahres zugesagt hatte. Und was passierte? Ich konnte in drei Tagen zwei Vorträge schreiben. Das war noch nie in meinem Leben geschehen!

Gott ist mein bester Gastgeber und Wirt. Er bereitet mir immer wieder einen Tisch mit Köstlichkeiten vor, damit mir in bestimmten Situationen das Entscheidende nicht mangelt. Er selbst schenkt mir dann voll ein. So sind halt seine Schlemmergutscheine. Sie lassen aufatmen und erquicken.

Psalm 23

„Der Herr ist mein Hirte. Nichts wird mir fehlen.
Er weidet mich auf saftigen Wiesen
und führt mich zu frischen Quellen.
Er gibt mir neue Kraft.
Er leitet mich auf sicheren Wegen,
weil er der gute Hirte ist.
Und geht es auch durch dunkle Täler,
fürchte ich mich nicht,
denn du, Herr, bist bei mir.
Du beschützt mich mit deinem Hirtenstab.

Du lädst mich ein
und deckst mir den Tisch vor den Augen meiner Feinde.
Du begrüßt mich wie ein Hausherr seinen Gast
und gibst mir mehr als genug.
Deine Güte und Liebe werden mich begleiten mein Leben lang;
in deinem Haus darf ich für immer bleiben."

Mit einem himmlischen Gutscheinbuch.
So lebt sich's gut!

15 Ein Licht auf dem Weg!

Ich hatte einmal gelesen, dass in alter Zeit, als es noch keine elektrische Beleuchtung gab, Mönche durch ganz lange, dunkle Klosterflure gehen mussten. Damit sie aber trotzdem Licht auf ihrem dunklen unübersichtlichen Weg hatten und erkennen konnten, wie und wo es weiter ging, trugen sie ganz besondere Schuhe. Ihre Schuhe hatten vorne an der Zehenspitze einen kleinen Bogen nach oben, und auf jedem Bogen war eine kleine Kerze. Und die erhellte den Weg. Wie clever und hilfreich! Mit jedem einzelnen Schritt, den die Mönche nachts gingen, hatten sie genug Licht für den nächsten Schritt. Nicht mehr, aber auch nicht weniger. Nicht zu viel, nicht zu wenig – immer gerade genug für den nächsten Schritt. Wenn sie zu schnell liefen – vielleicht aus Übermut oder aus einem zu starken Selbstbewusstsein oder sogar aus Selbstüberschätzung –, dann ging das Licht vom Gegenwind aus und sie konnten plötzlich nichts mehr erkennen. Sie standen sprichwörtlich und praktisch im Dunkeln. Wenn sie anderseits aus Angst, Besorgnis, Zweifel oder Misstrauen zögerten oder sogar stehen blieben, waren die Kerzen abgebrannt, noch ehe sie ans Ziel kamen.

Manchmal ist unser Leben genauso dunkel wie die langen, dunklen Klosterflure damals. Und manchmal passiert es, dass die Lichter in unserem Leben plötzlich alle auf einmal ausgehen und wir innerhalb kürzester Zeit nicht mehr wissen, wie es weitergehen kann. An solchen Tagen brauchen wir unbedingt ein kleines Licht von Gott, damit wir erkennen, wo es langgeht und wie die nächsten Schritte aussehen können.

An einem solchen dunklen Tag in meinem Leben, in unserem Leben als Ehepaar kann ich mich sehr gut erinnern. Es war im Oktober vor drei Jahren. Eigentlich hatte ich diesen dunklen Tag schon seit geraumer Zeit kommen sehen. Es gab immer wieder und immer öfter Anzeichen dafür. Mein Mann hatte eindeutig die Erkennungszeichen, die man als „Stresssymptome für Burnout" kennt. Seit wir von Kanada nach Deutschland gekommen waren, hatte er nach und nach immer mehr Aufgaben, Verpflichtungen und Verantwortung übernommen – mehr, als dass er allen in der Tat gewissenhaft und treu nachgehen konnte. Zunehmend schaffte er nicht mehr, was er sich täglich vorgenommen hatte. Er war ganz gegen seine Art immer öfter gereizt, schlief immer schlechter – nachts sank sein Puls sogar auf 32. Er ging immer später ins Bett mit einer immer längeren Liste von nicht erledigten Dingen … und wurde morgens wach mit einer noch längeren Liste von Dingen, die noch zusätzlich getan werden mussten.

Er musste sich um immer mehr und um zu viele Dinge Gedanken und Sorgen machen, bis ihm selbst die schönsten und liebsten Aufgaben keine Freude mehr machten. Entscheidungen wurden immer schneller getroffen, und Aufgaben immer oberflächlicher erledigt, was seinen Preis hatte. Es gab immer weniger Zeit für das Unerwartete, für Gespräche und zum Zuhören. Viele und vieles kamen einfach zu kurz. Er war nicht mehr der fröhliche, gelassene Mann, der immer den Überblick hatte. Immer wieder sagte ich: „Schatz, so kann es nicht weitergehen. Du machst viel zu viel. Du musst lernen, nein zu sagen, du musst einiges abgeben."

Aber ich kam einfach nicht durch. Also fing ich an, ihm

Informationen und Texte über Stress und Stressbewältigung auf den Schreibtisch zu legen oder ihm Anregungen aus der Bibel zu mailen, in der Hoffnung, dass er demnächst weniger annahm und mehr abgab. Das brachte zwar Einsicht, aber leider keine bleibenden Veränderungen. Zuletzt sagte er mir, er würde ja gerne und sofort Verschiedenes kürzen oder abgeben, aber was? Wenn er das bloß wüsste!

Das war für mich das Stichwort. Er wollte es nun wirklich, aber wusste ehrlichen Herzens nicht, was er wem abgeben sollte. Er fühlte sich, als säße er in einem ICE Zug, der gerade so schnell fuhr, dass er nicht wusste, wo und wann er aussteigen könne.

Also sagte ich im Gebet zu Gott: „Lieber Gott, du hast ihn gehört. Er ist bereit, Aufgaben und Verantwortung loszulassen, aber er kann von sich aus nicht entscheiden, welche und wann. Jetzt bist du gefragt. Jetzt musst du ihm selbst das klar machen."

Kurz darauf, es war ein Mittwochmorgen, kam eins zum anderen. Ein Anruf folgte dem nächsten, Mitarbeiter hatten Fragen, Antworten wurden gefordert, Entscheidungen mussten getroffen werden, und wir hatten zusätzlich zusammen als Ehepaar einen Vortrag noch am selben Abend, den wir noch unbedingt abstimmen mussten.

Aber es kamen immer wieder weitere Anrufe und Störungen, zuletzt auch noch eine unangenehme Sache. Die Zeit lief uns davon. Der Druck stieg erbarmungslos. Die Kraft war verbraucht. Wilfrieds Nervenkostüm brach zusammen. Zum ersten Mal arbeitete mein Mann nicht an seinem Schreibtisch, sondern weinte an diesem Platz.

Alle Lichter waren plötzlich aus. Alles war auf einmal ganz dunkel. Jetzt war es so weit. Das, was doch nur immer den

„anderen“ passierte, war ihm passiert. Und das, obwohl er von seiner Persönlichkeitsstruktur der letzte Typ Mensch ist, der von Burnout bedroht ist. Was nun? Wie würde es weiter gehen? Was würde aus unserem gemeinsamen Vortrag heute Abend? Was würde mit den anderen Vorträgen, die Wilfried noch von Donnerstag bis Sonntag hatte?

Eins war sonnenklar: Wilfried brauchte dringend eine Pause. Ich rief sofort sämtliche Referentinnen an, die ich kannte, und hatte innerhalb einer Stunde einen Referenten, der mit mir den Abendvortrag übernahm, und weitere Vertretungen für die jeweiligen Vorträge an den anderen Abenden. Das war für Wilfried schon mal eine große Erleichterung und ein Grund zum Aufatmen.

Aber eine Woche Pause war viel zu wenig. Ich schlug vor, er sollte für mindestens sechs Wochen auf irgendeine Insel fliehen, damit er sich erstens erholen konnte und zweitens Zeit hatte, mit Gott in aller Ruhe über sein Leben und seine ganzen Aufgaben und Verantwortungsbereiche zu reden.

Das war ja, wofür ich gebetet hatte … dass Gott es ihm selbst sagte. Nun war wohl die Zeit dafür gekommen. Ich versuchte meinen Mann zu überzeugen, dass es okay ist, wenn er jetzt einmal nichts tut und einfach auf eine Insel geht.

„Aber werde ich einen Ersatz für all meine Termine, Vorträge und Schulungen finden?“, war immer wieder seine Frage.

Und ich antwortete: „Jeder Mensch ist ersetzbar. Und wenn Gott dir jetzt die Zeit schenkt, um dich zu erholen und deine Aufgaben neu zu sortieren, dann wird es auch einen Ersatz für alle deine Dienste in diesen Wochen geben. Ganz sicher.“

Dann teilten wir es uns auf, wer einen Ersatz für welche Aufgabe suchte. Ich erledigte alles per Telefon, weil Wilfried nicht mehr in der Lage war zu telefonieren, und er erledigte alles per E-Mail.

Als er all seine E-Mails geschrieben, aber noch nicht abgeschickt hatte, rief er mich in sein Büro, wo er immer noch saß, und fragte: „Ist das wirklich richtig, was wir jetzt tun? Soll ich wirklich für sechs Wochen weg auf irgendeine Insel? Wird es wirklich einen Ersatz geben für all meine Dienste? Wenn ich doch nur ein Wort von Gott als Bestätigung hören könnte, würde ich diese E-Mails alle sofort verschicken."

Dabei drehte er seinen Bürosessel um, wollte zur Bibel greifen, um irgendein Wort von Gott zu lesen. Dabei fiel ihm beim Ausstrecken seines Armes über den Schreibtisch ein anderes Buch auf den Schoß. Eins, das ich ihm zwei Wochen vorher auf den Schreibtisch gelegt hatte. Und Wilfried sagte mit einem Blick nach oben: „Okay, Herr, dann öffne ich halt dieses Buch", schlug es auf ... und landete direkt an einem neuen Kapitel mit der Überschrift: „Welcome your substitute". Auf gut Deutsch: „Begrüße deine Vertretung"!

Es war, als gingen in diesem Moment wieder die Lichter an. Wir wurden auf einmal ganz ruhig. Wir wussten immer noch nicht, wie alles weitergehen würde, aber wir wussten, es würde weitergehen. Wir wussten: Auch wenn wir selbst nicht über diesen Tag hinausschauen können, Gott kann. Er selbst hat uns ein Licht angezündet. Das reichte uns vollkommen.

Wir buchten die Reise zu Verwandten, wo er gut versorgt werden würde, nicht nur mit Mahlzeiten, sondern wo er auch viel Ruhe zum Nachdenken haben würde.

In dieser Zeit dort schrieb mein Mann einmal alle Aufgaben, Verantwortungsbereiche und Pflichten auf – es wurden insgesamt zweieinhalb DIN A4-Seiten. Diese Aufgaben hat er dann einzeln an Gott abgegeben und sich von ihm quasi eine neue Liste erbeten. Er wollte sich in Zukunft nur noch auf das einlassen, was Gott mit ihm vorhatte, und sich nicht von dem treiben lassen, was er selbst oder sonst jemand von ihm erwartete.

Ganz interessant war es für uns, im Nachhinein festzustellen, dass Gott auch „Herr der Zeit" ist. Die Veränderungen, die mein Mann zu dieser Zeit für sich und seine Aufgaben persönlich festgemacht hatte, passten haargenau zu den Veränderungen, die dann in unserem Missionswerk stattfanden.

Nach sechs Wochen kam er gestärkt und zuversichtlich mit Perspektive und Entschlossenheit nach Hause und es begann ein längerer Prozess. Manche Aufgaben und Bereiche wurden gezielt abgegeben, andere mit Gott neu angepackt.

Wir hatten den Eindruck, Gott hatte uns nicht nur einen Weg aus der Dunkelheit gezeigt, sondern einen Ausweg aus all dem, was nicht mehr dran war, und hatte einen Weg gebahnt zu dem, was jetzt wichtig war.

> Es kann nicht immer sein,
> dass Gott alle Angst von uns nimmt;
> aber das kann immer möglich sein,
> dass wir in Angst getröstet werden.
>
> *Johann Christoph Blumhardt*

Psalm 142,4: *„Wenn ich niedergeschlagen bin und nicht mehr weiter weiß, kennst du (Gott) noch einen Ausweg."*

Psalm 19b-20: *„Aber der Herr hielt mich fest und half mir aus Angst und Gefahr. Er befreit mich. So viel bin ich ihm wert!"*

Psalm 18,29: *„Herr, du machst die Finsternis um mich hell, du gibst mir strahlendes Licht."*

Jesaja 42,16: *„Mein blindes Volk werde ich auf Straßen und Wegen führen, die sie nicht kennen. Ich mache die Dunkelheit um sie her zum Licht. Alle Steine räume ich zur Seite, die Schlaglöcher fülle ich aus, damit sie auf einer ebenen Straße gehen können. Das alles will ich tun, mein Plan steht fest"*.

Ein Licht auf dem Weg. So lebt sich's gut!

Nachwort

Gott ist mit dir – so lebt sich's gut!

Weißt du,
wie hoch der Himmel über dir ist?
So hoch,
wie du ihn dir vorstellst.

Weißt du,
wie stark die Liebe ist?
So stark,
wie du sie fühlen willst.

Weißt du,
wie nahe dir Gott ist?
So nahe,
wie du ihn an dich heranlässt.

Weißt du,
dass es an dir liegt,
ob du vorwärts kommst
oder immer auf der gleichen Stelle trittst?
Ob du etwas erreichst
oder das Leben
ungenützt an dir vorbeizieht?
Ob du die kleine Welt um dich verändern kannst
oder in deiner Umgebung
alles beim Alten bleibt?

Du kannst das alles.
Gott ist mit dir,
wenn du willst.

Weißt du das?
unbekannt

Möchten Sie vielleicht auch gerne mehr von Gott wissen und mit ihm erleben? Vielleicht gibt es einen Gesprächskreis über Lebens- und Glaubensfragen auch in Ihrer Nähe. Diese Gesprächskreise, oder Glaubenskurse genannt, werden von Kirchen und anderen Veranstaltern fast in jeder Stadt angeboten. Gehen Sie einfach hin – vielleicht auch zu zweit, mit einer Bekannten oder Freundin. Ich hab das so gemacht und war ganz angetan. Und … es hat mir gut getan.

Vielleicht haben Sie eine Bibel im Haus (auf alle Fälle ist sie in jeder Buchhandlung zu bekommen), am besten eine Übersetzung in heutigem Deutsch. Fangen Sie einfach im Neuen Testament an zu lesen (dem 2. Teil der Bibel mit allen Geschichten über Jesus), damit Sie einen optimalen Einblick gewinnen, wie Gott wirklich ist; wie lieb er Sie hat und was er alles für Sie persönlich tun will. Sie werden merken, wie diese schwarzen Buchstaben auf den weißen Seiten auch für Sie ganz lebendig und real werden können.

Durch die Bibel kann Gott auch in Ihr Leben Veränderung und Erfüllung bringen. Wenn Sie am Anfang Schwierigkeiten haben, einige Bibeltexte zu verstehen – kein Problem. Hatte ich auch, bis ich parallel immer ein gutes Begleitheft (z. B. ein Andachtsbuch) las, das mir die Worte, Texte und Geschichten erklärte. Es gibt unzählig viel gutes Begleitmaterial zur Bibel in jeder christlichen Buchhandlung – für

Jung und Alt, für Männer und Frauen, für Einsteiger oder Fortgeschrittene. Fragen Sie einfach mal nach.

Viele Menschen, nicht nur ich, bezeugen auch heute noch, dass wir Menschen Gott tatsächlich persönlich kennen lernen und eine lebendige Beziehung zu ihm haben können. Eine Beziehung, die sich mit keiner anderen vergleichen lässt. Die Bibel sagt uns sogar, dass Gott sich sehnt nach einer tiefen Gemeinschaft mit uns Menschen. Mit jedem von uns ganz persönlich.

Gott liebt uns so sehr und will nah bei uns sein, um uns zu helfen und zu heilen. Deswegen ist er als Mensch auf dieser Erde, mitten in unsere Welt, gekommen – in Jesus Christus.

Alles, was Gott durch Jesus gesagt und getan hatte, zeigt uns, wer und wie er ist. Alles, was er jemals für Menschen getan hat, kann er für uns tun. Heute. Für Sie und für mich.

Diese persönliche und Gewinn bringende Beziehung, die schon andere vor uns mit Gott eingegangen sind, können auch wir haben – wenn wir wollen. Es liegt an uns. Das ist unsere freie Entscheidung. Keiner von uns hat von Geburt an automatisch eine Beziehung zu Gott. Deswegen geht Gott uns immer wieder nach und bietet uns diese Beziehung an. Er will für uns da sein.

Vielleicht spüren Sie es schon länger oder gerade jetzt. Seine Tür steht uns Menschen zu jeder Zeit offen. Wir sind diejenigen, die eingeladen sind, unsere Herzenstür für ihn zu öffnen. Die Bibel sagt: „*Merkst du es denn nicht? Noch stehe ich vor deiner Tür und klopfe an. Wer jetzt auf meine Stimme hört und mir die Tür öffnet, bei dem werde ich einkehren.*“ (Offenbarung 3,20)

Nur Jesus schafft die Verbindung zwischen uns und Gott. Genau darum ist er am Kreuz für uns gestorben. Er hat für den

„moralischen Müll" unseres Lebens bezahlt, für unsere Schuld. Er ließ sich als Unschuldiger verurteilen, damit wir leben können – wirklich leben können, und das sogar in aller Ewigkeit. Durch seinen Tod am Kreuz und seine Auferstehung ist der Weg zum Himmel wieder frei geworden.

Die Bibel sagt: *„Vergesst nicht, wie viel Christus für unsere Sünden erlitten hat! Er, der frei von jeder Schuld war, starb für uns schuldige Menschen, und zwar ein für alle Mal. So hat er uns zu Gott geführt; Jesus Christus, der am Kreuz gestorben ist, den aber Gottes Geist zu neuem Leben erweckte."* (1. Petrus 3,18)

Wenn wir diese Tatsache, diese Wahrheit für uns persönlich anerkennen und glauben und wenn wir nicht mehr nach dem Motto leben: „Ich mache, was ich will" – sondern, „was Gott will" – lassen wir uns auf eine niemals endende Beziehung und Entdeckungsreise mit Gott ein. Die Bibel sagt: *„Denn Gott hat die Menschen so sehr geliebt, dass er seinen einzigen Sohn für sie hergab. Jeder, der an ihn glaubt, wird nicht verloren gehen, sondern das ewige Leben haben."* (Johannes 3,16)

Dieses Geschenk, diese liebevolle Rettungsaktion Gottes kann auch Ihrem Leben die entscheidende Wende bringen: *„Gott spricht nämlich jeden von seiner Schuld frei und nimmt jeden an, der an Jesus Christus glaubt. Nur diese Gerechtigkeit lässt Gott gelten. Denn darin sind die Menschen gleich: Alle sind Sünder und haben nichts aufzuweisen, was Gott gefallen könnte. Was sich keiner verdienen kann, schenkt Gott in seiner Güte: Er nimmt uns an, weil Jesus Christus uns erlöst hat."* (...)

Wenn Sie diese „unglaubliche" Erfahrung auch selbst machen wollen, öffnen Sie Gott Ihr Herz! Reden Sie einfach mit ihm – so wie Ihnen die Worte kommen. Wenn Sie nicht wissen, was Sie sagen sollen, könnte das folgende Gebet der Anfang einer wundervollen Freundschaft mit Gott sein:

„Jesus Christus, ich brauche dich.
Ich habe bisher ohne dich gelebt, bitte vergib mir.
Danke, dass du am Kreuz für meine Schuld gestorben bist
und so den Weg zu Gott für mich frei gemacht hast.
Ich gebe dir meine Schuld
und nehme dich als meinen persönlichen Retter an.
Werde du der Herr über mein Leben und gestalte mich
und mein Leben von nun an so, wie du es haben möchtest.
Ich danke dir von Herzen dafür. Amen."

Solch ein Gebet habe ich vor Jahren an meinem Esszimmertisch gesprochen – und was daraus geworden ist in den Höhen und Tiefen meines Alltags, haben Sie zum Teil in diesem Buch gelesen.

So lebt sich's wirklich gut! –
Für mich: ein Alltag mit Happy End.

Wenn Sie weitere Fragen haben, schreiben Sie mir!
Ich freue mich auf Ihre Post.

Doris Schulte
c/o Neues Leben
Postfach 1380

D-57609 Altenkirchen

Klaus Jürgen Diehl

In 99 Tagen durch die Bibel

Eine Entdeckungsreise

144 S., Taschenbuch,
mit Illustrationen,
ISBN 3-7655-3647-4

Von Adam und Eva bis zur Offenbarung führt „In 99 Tagen durch die Bibel“ auf eine Endeckungsreise durch die Heilige Schrift. Der Streifzug durch die wichtigsten Abschnitte und Ereignisse, die im „Buch der Bücher“ beschrieben sind, vermittelt einen grundlegenden Einblick in den christlichen Glauben, gibt einen Überblick über das christliche Selbstverständnis und ist damit eine gelungene Einführung für jeden, der sich mit den Aussagen der Bibel näher beschäftigen will. In 99 Abschnitten, die im Tagesrhythmus einfach zu bewältigen sind, wird nicht nur Wissen vermittelt, sondern auch breiter Raum dafür gelassen, was grundlegend im christlichen Glauben ist: Gott reden zu lassen.

BRUNNEN VERLAG GIESSEN
www.brunnen-verlag.de